Marie Sophie Schwartz

David Waldner - Roman

Marie Sophie Schwartz

David Waldner - Roman

ISBN/EAN: 9783741158612

Hergestellt in Europa, USA, Kanada, Australien, Japan

Cover: Foto ©Andreas Hilbeck / pixelio.de

Manufactured and distributed by brebook publishing software (www.brebook.com)

Marie Sophie Schwartz

David Waldner - Roman

David Waldner.

Roman
von
Marie Sophie Schwartz.

Aus dem Schwedischen.

Autorisirte Ausgabe.

Dritter Band.

Berlin, 1867.
Druck und Verlag von Otto Janke.

Marit Ring an Frau Amalie A...

Meine liebe theure Amalie!

Ein halbes Jahr ist vergangen, seitdem ich an Dich schrieb; aber ich habe diese Zeit gebraucht, Muth zu gewinnen, um ganz aufrichtig über mich selbst reden zu können.

Es mögen zwei Jahre her sein, daß ich Dir über die Einförmigkeit meines Lebens klagte. Ich wünschte ein Glück zu besitzen, daß der Erinnerung werth wäre, ein Leid, es heimlich zu ertragen. — Der Herr des Schicksals hat meine Wünsche erfüllt. Ich bin glücklich gewesen und werde es nie mehr sein.

In diesen zwei Jahren habe ich viel an Erfahrung gewonnen; ich habe gelernt, wie sehr ich meiner

Schwäche nachgeben kann und auch, wie viel Kraft mein Wille besitzt. — Das ist mein Gewinn.

Aber nein, ich habe Unrecht; ich habe noch einen größeren. Ich habe eine treue Stütze für mein Leben gefunden. Die Bestätigung hiervon erhältst Du, wenn Du Nachricht von der Verlobung Deiner Freundin Marit Ring mit dem Obersten Björnstam empfängst.

Es gab eine Zeit, da wünschte ich mir Reichthum als das höchste Gut; nun meine ich, daß ein Minus von zehn Jahren und i h n zum Gatten, selbst die bitterste Armuth süß machen würde; vielleicht aber würde ich anders denken, wenn meine Wünsche erfüllt würden.

Es ist demnach nicht das Streben nach Reichthum, das mich bewogen hat, des Obersten Verlobte zu werden.

Was ist es denn?

Du, die Du nie einen Anderen als Deinen Karl geliebt, Dein ganzes Leben seit Deinem achtzehnten Jahre mit ihm verlebt hast, die Du die Ehe von dem idealsten Gesichtspunkt der Liebe aus betrachtest, Du wirst schwer begreifen, daß ich handeln konnte, wie ich handelte.

Das Leben, meine Freundin, gleicht dem Meere. Liegt Ruhe darüber, ist es leicht zu bestimmen, welchen Kurs man nehmen und wo man sein Schiff vor Anker legen soll; schwer aber wird es, wenn die Stürme rasen.

Als ich zuletzt schrieb, lag Onkel Ring krank. Ich sprach da von dem Glücke, so geliebt zu sein, wie ich es von David war. Freude und Seligkeit erfüllten jene Zeit; aber sie war kurz; es bedurfte nur einer Stunde, mein Glück zu zerstören.

Es war um Weihnachten. Ein Wagen fuhr in den Hof von Falknes ein. — Eine Dame stieg aus und wollte mit mir sprechen. — Sie wurde in das Vorzimmer geführt. — Frau Broolind stand vor mir.

Sie ist jünger als ich, diese Frau, die Davids erste Liebe war, aber sie ist doch älter als er.

Sie grüßte zuvorkommend, sprach davon, wie

lange wir uns nicht gesehen, beklagte den Unfall, welcher Onkel betroffen und wünschte gleichzeitig Glück zu seiner Besserung. — Sie gab mir weder Gelegenheit für ihre Theilnahme zu danken, noch ihre Fragen zu beantworten, sondern fuhr fort ohne Aufhören zu reden. Während sie noch über Onkels Gesundheitszustand Worte machte, äußerte sie:

— Haben Sie kürzlich meinen Vetter David getroffen?

— Erst gestern, war meine Antwort.

— Er ist die eigentliche Ursache, weßhalb ich zu Ihnen komme.

Sie machte eine Pause und fixirte mich. — Mein Herz trieb mir das Blut in die Wangen.

— Ist es wahr, was das Gerücht erzählt, daß David heimlich mit Ihnen verlobt ist? fragte sie.

Diesem Gerücht bestimmt zu widersprechen, war nicht schwer. Es gefiel nun Frau Broolind, ihr Unbehagen darüber auszudrücken, daß sich die Sache nicht wie vermuthet verhielte. Ich bat sie, sich näher zu erklären, was sie denn ungefähr mit folgenden Worten that:

„Wären Sie mit einander verlobt, dann würde man allerdings Ihre Unklugheit, durch eine innige Verbindung mit einem ganz jungen Mann störend in seine Zukunft eingegriffen zu haben, beklagen müssen, aber man dürfte in dem Umstande, daß David sich fortwährend auf Haraldshof aufhält, seine Studien und seine Mutter vergißt, keinen Grund finden, Sie zu tadeln. So aber ist es höchst betrübend, zu wissen, daß sich David einer Neigung überläßt, welche Alles gegen sich hat. Sie empfangen seinen Besuch, Sie ermuntern seine Liebe und sind so die eigentlich Schuldige, weil Sie sich bereits in einem Alter befinden, von dem man erwarten sollte, daß die Vernunft die Herrschaft über die Gefühle gewonnen hat. Daß er, ein unverständiger junger Mann, seine Mutter mit Sorgen überhäuft, ist traurig; aber daß Sie daran Theil nehmen, ist noch trauriger."

Es war ein bitterer Augenblick für mich, denn

ihren Worten war ein gewisser Grad von Wahrheit
nicht abzusprechen. — Ich war in der That selbstisch
genug gewesen, zu vergessen, daß er durch sein Ver=
weilen auf Haraldshof seine Studien versäumte. —
Als Frau Broolind ihre Rede geendigt hatte, über=
gab sie mir einen Brief. Sie komme, sagte sie, direct
von **köping, und Frau Waldner, die trauernde
Mutter, habe sie ersucht, mir dies Schreiben zu
überliefern.

Nachdem sie ihren Auftrag erfüllt, wollte sie
nach Haraldshof, um David das Unrecht in seiner
Handlungsweise vorzuhalten. Ich bat sie einen
Augenblick zu verweilen.

Ich las den Brief.

Davids Mutter sprach in milden Worten und
appellirte an mein Gefühl und meinen Verstand, in=
dem sie nachwies, daß es für David ein Unglück sei,
wenn er sich in so jungen Jahren schon verloben
wollte. Sie bat mich, den Einfluß, den ich auf ihn
ausüben könnte, zu benutzen, und ihren Sohn wieder

zur Arbeit zurückzuführen. Jede Linie in diesem Briefe sprach zu meinem Herzen. Ich sagte Frau Broolind, daß ich hoffte, David würde unverzüglich das Schloß verlassen; aber ich ersuchte sie gleichzeitig, diese Sache vollständig mir zu überlassen.

Am Nachmittag fuhr ich nach Haralbshof. Frau Broolind verblieb auf Falknes. — In derselben Nacht reiste David nach **köping, ohne daß er mit seiner Cousine zusammengetroffen wäre.

Wie ich ertrug, was meine Pflicht mir auferlegte, davon laß mich schweigen. Ich glaube, Niemand ahnt, wie schwer es war. — Hätte ich einen schwächeren Körper oder reizbarere Nerven gehabt, dann wäre ich wahrscheinlich einer Krankheit verfallen. So aber blieb ich gesund; doch fühlte ich, daß ich nicht im Stande sein würde, meinen Schmerz zu besiegen, falls ich auf Falknes verbliebe.

Des Onkels Gesundheitszustand besserte sich inzwischen von Tag zu Tag, und ich war ihm nicht länger unentbehrlich. Ich sehne mich fort von diesen

Gegenden, wo Alles an mein entschwundenes Glück erinnerte.

Dagmar besuchte mich täglich; aber ihr konnte und durfte ich meinen Kummer nicht anvertrauen.

Gleich nach Weihnachten verreiste der Oberst. Er hatte uns während des Onkels Krankheit tausend Artigkeiten erwiesen und eine Theilnahme gezeigt, die ich ihm nie vergessen werde.

Gegen Ende März theilte mir Dagmar bei einem ihrer Besuche mit, daß er zurückgekehrt sei.

Eines Tages, dem letzten des genannten Monats, kam der Oberst nach Falknes. — Er brachte mir Grüße von David.

— „Unser junger Candidat arbeitet mit rastlosem Eifer an seinem Examen," sagte er.

Ich antwortete nichts und der Oberst begann wieder:

— „Fährt David fort, wie er begonnen hat, dann ist er in drei Jahren Doctor der Medicin. Seine Zukunft verspricht eine glänzende zu werden;

mit sechsundzwanzig Jahren examinirter Arzt zu sein, das gehört zu den Seltenheiten."

Wieder schwieg er. Auch diesmal hatte ich auf seine Aeußerungen kein Wort zu entgegnen. — Nach einer Weile rief der Oberst aus:

— „Erlauben Sie mir, Fräulein Ring, Ihnen als Freund einen Rath zu geben!"

Was sollte ich anders thun, als die Frage bejahen?

— „Ich werde unbarmherzig aufrichtig sein," äußerte er darauf und fuhr fort:

— „Sie lieben David Waldner und er vergöttert Sie. — Weßhalb verdammen Sie sich und ihn zu Leid und Entsagung? David besitzt einen gereiften Verstand; sein Charakter ist fest und seine Gefühle gehören Ihnen einzig und allein. — Was können Sie mehr verlangen? — Glauben Sie wirklich, daß diese sechs Jahre, die Sie von ihm trennen, auf Ihr und sein Glück störend einwirken könnten, wenn Sie seine Gattin würden? In dem Fall kann ich ver=

sichern, daß Sie nicht zu den Frauen gehören, die Jugend und Schönheit bedürfen, um den Mann glücklich zu machen, der Sie liebt.

Alles das zu wiederholen, was er sagte, ist nicht nothwendig. Der Oberst stellte mein schwaches Herz auf eine harte Probe und mein Verstand schwieg still. Sicherlich merkte der Oberst, daß seine Worte Eindruck machten und daß ich anfing, in meinen Beschlüssen wankend zu werden; denn er erfaßte meine Hand und sagte:

„Lassen Sie mich an David schreiben, daß er, sobald seine Studien beendet sind, auf Haraldshof willkommen sein wird und daß dann die Hand des Weibes, das er liebt, seine Anstrengungen belohnt. — Hat er nach drei Jahren sein Examen bestanden, dann verheirathet er sich und Euer beider Glück ist begründet."

In diesem Augenblick war der Bann gebrochen und die Versuchung entschwunden. Die Stimme der Pflicht rief: Nein; niemals! Klar und deutlich stand meiner Seele wieder vorgezeichnet, wie ich hanteln mußte. — Ich antwortete, daß ich David nie etwas Anderes werden könnte, als was ich ihm zur Stunde sei.

Der Oberst bat mich, gewissenhaft zu überlegen, ehe ich unwiderruflich über Davids Glück das Todesurtheil aussprüche.

Die Nacht war überaus schmerzenreich; aber ich wurde versöhnt mit meinem Geschick, als ich am nächsten Tage einen Brief von Frau Waldner erhielt, worin sie mir dafür dankte, daß ich ihren Sohn seinem Berufe wieder zugeführt habe. — Sie hegte große Hoffnungen in Betreff seiner Zukunft und sie deutete mir an, wie sie sich dieselbe gestaltet denke.

Als der Oberst wiederkam, sagte ich ihm, daß Nichts in der Welt meinen Beschluß ändern könnte. Der Kampf, den ich auch diesmal mit ihm zu bestehen hatte, war hartnäckig, aber siegreich ging Deine Freundin aus ihm hervor.

Der Sieg erquickt, auch wenn wir ihn mit blutendem Herzen gewinnen.

Bei der Abreise des Obersten war mein Herz beruhigter als es seit der Trennung je gewesen. Ich war mit meinem Schicksal versöhnt.

Eine Woche verging, ohne daß ich Jemand von Haraldshof gesehen hätte. Dies war so ungewöhnlich, daß ich anfing zu fürchten, es sei irgend ein Unglück eingetroffen. Um mir darüber Gewißheit zu verschaffen, schrieb ich an Dagmar; aber noch ehe mein Brief abgeschickt war, erschien der Oberst wieder auf Falknes.

Er theilte mir mit, daß Dagmar in der nächsten Woche ihre Vorbereitung zur Confirmation beginnen sollte.

„Dagmar, fügte er hinzu, hat eine talentvolle Lehrerin; aber sie ist Französin und katholisch und gerade jetzt bedürfte meinKind einer mütterlichen Freundin, die ihren Religionslehrer unterstützte. — Ich weiß, daß Sie ihren Onkel nicht verlassen, nicht nach Haraldshof zurückkehren wollen; aber ich bin überzeugt, daß Sie die Güte haben werden, Dagmar zum

Prediger zu begleiten, wenn sie dorthin fährt, und sie an diesem Tage auf Falknes zu behalten."

Freudig nahm ich diesen Vorschlag auf. Es war eine schöne Aufgabe, mich im Verein mit Dagmars Seelsorger an ihrer religiösen Erziehung zu betheiligen. — Jemehr mich diese Aufgabe in Anspruch nahm, desto aufmerksamer mußte ich auf mich selber werden. — Um sie lösen zu können, mußte ich selbst nach größer Vollkommenheit streben.

Dagmars Vorbereitungszeit währte von Anfang April bis zum Juni. — Am Pfingsttage ging sie zum ersten Male zu des Herrn Tisch. — Ich verbrachte die Feiertage mit ihr auf Haraldshof. Dann kehrte ich nach Falknes zurück.

Am Morgen darnach empfing ich vom Obersten einen Brief folgenden Inhalts:

„Bestes Fräulein Ring!" Die Ueberschrift gab keinen Grund zur Vermuthung, daß der Inhalt von großer Bedeutung sein könne.

„Dagmar hat nun die Jahre der Kindheit ver-

laſſen und befindet ſich auf der Lebensſtufe, wo man
den Mangel einer Mutter tiefer als jemals empfindet.
— Wollen Sie ihr dieſen Mangel erſetzen? Wollen
Sie, die Sie dem Glück der Liebe entſagt haben,
Ihr Leben den theuren, den heiligen Pflichten einer
Mutter weihen? — Ich frage nicht: Wollen Sie
Ihre Hand einem Manne ſchenken, der Ihnen auf
das Innigſte verbunden iſt? — Ich frage nur:
Wollen Sie die Gattin von Dagmars Vater werden,
damit ihr auf dieſe Weiſe eine mütterliche Freundin
geſichert werde? Wenn Sie das wollen, ſo ſollen
Sie nimmer bereuen, daß Sie Ihr Geſchick mit dem
meinigen verknüpften. Eine liebevollere und dank=
barere Tochter als Dagmar, werden Sie niemals
finden; einen beſſern Freund, einen treueren Gatten
zu ſuchen als ihren Vater, möchte vergebens ſein. —
Wagen Sie es daher, Ihre Zukunft den Händen des=
jenigen anzuvertrauen, der" u. ſ. w.

Vier Tage nach Empfang dieſes Briefes kam
Dagmar nach Falknes.—Sie ſollte meine Antwort holen.

Ich hatte diese Zeit angewendet, um mein Inneres zu prüfen und ich glaubte recht zu handeln, als ich dem Obersten mein Jawort gab.

Zwischen Davids Hoffnungen und mir entstand hierdurch eine unübersteigliche Scheidewand und ich selbst erhielt in der Erfüllung der neuen Pflichten, die ich mir auferlegte, ein edles Ziel.

Es ist möglich, daß diese Gründe zum Eingehen eines Ehebündnisses Vielen unzureichend erscheinen; mir aber waren sie es nicht.

Dagmar brachte also ihrem Vater meine Einwilligung; damit aber war noch nicht Alles abgethan. Die meines Onkels zu erhalten, war bedeutend schwieriger.

Der Oberst übernahm es, mit ihm zu sprechen. Nach einer ziemlich langen Unterredung verkündete der Oberst, daß mein Onkel unserer ehelichen Verbindung keine Hindernisse in den Weg legen wollte.

Morgen werden wir die Ringe tauschen und die

Verlobung bekannt machen. Gegen Weihnachten findet die Hochzeit statt.

Heut schreibe ich an David und mache ihn mit dem Schritte bekannt, den ich gethan habe. Es ist dies der erste Brief an den, welchen ich liebe. — Es gehört Muth dazu, ihm zu schreiben. Wird er verstehen, welche Gründe mich geleitet haben, oder wird er in dieser Verbindung nur den Eigennutz und die Eitelkeit eines armen Mädchens, das zu Wohlstand und Ansehen gelangen möchte, erkennen? Ich hoffe das Erstere.

Und nun lebe wohl, Du theure, geliebte Amalie, und gedenke in Freundschaft Deiner

Marit.

Die Herbstferien waren vorüber und in Upsala hatten die Vorlesungen bereits wieder angefangen.

In der Wohnung des Cand. med. David Waldner waren einige Kameraden versammelt; aber nicht um in munterem Gelage ein Paar Gläser

Punsch zu leeren; ihre Zusammenkunft hatte einen ernsthafteren Zweck.

Das Zimmer, in welchem sie sich befanden, war geräumig und schien ein Vorzimmer zu sein; eine offene Thür führte in die Schlafstube.

Auf einem runden Sophatische standen Lichte und um ihn saßen sechs Studenten, lauter junge Männer zwischen dreiundzwanzig und fünfundzwanzig Jahren. David, der jüngste unter ihnen, führte das Wort.

— Hörberg, schließ die Thür nach dem Schlafzimmer, sagte er.

Als dies geschehen, fuhr David fort:

— Ihr habt es mir, dem Bestohlenen, überlassen, bei unserer Berathung das Wort zu führen. — Nun wohl, wie Ihr Alle wißt, verlor ich vor einigen Tagen auf eine sonderbare Weise die Summe von siebenhundert Reichsthalern. Die Kassenscheine lauteten zum größten Theil auf höhere Beträge und darum hatte ich ihre Nummern, Daten u. s. w. notirt. Der

Zufall will, daß Einer von ihnen in Blom's Hände gelangt. Durch genaue Nachforschungen kommt er bald dahinter, daß Christoffer Alm ihn vorher inne gehabt. Ohne zu ahnen, daß er auf den Dieb getroffen ist, fragt er ihn in Hörbergs und meiner Gegenwart, wie er den Zettel bekommen habe. Die ausweichenden und unzusammenhängenden Antworten Alms gaben kaum Grund zum Verdachte gegen ihn. Wir wußten wohl, daß Alm in der letzten Zeit ein unordentliches Leben geführt hatte — daß er ein Spieler war, und vermutheten in Folge dessen, daß er den Zettel gewonnen habe, und aus diesem Grunde keine weitere Auskunft geben wolle. Erst sein eigenes Geständniß verschaffte uns die traurige Gewißheit, daß er ein Verbrecher sei — er, unser Kamerad. —

Das Spiel, diese alles Gute vernichtende Leidenschaft, hatte ihn zu Falle gebracht. —

Er war eines Abends mit einigen Reisenden, wahrscheinlich Spielern von Profession, bekannt geworden und bereits beim dritten Glase Punsch wurde

Bank gehalten. Seine Uhr und sein Geld waren bald dahin, und ehe sie sich trennten, hatte er noch eine Summe Geldes verloren, die ihm bis zum nächsten Tage anvertraut worden war. —

Der nächste Morgen kam. —

Er eilte fort, um das verschleuderte Geld wieder zu schaffen. Wie er wußte, hatte ich von Hause eine größere Summe erhalten. —

Ich hatte ihm früher mit geringeren Vorschüssen geholfen, weßhalb sollte er nun nicht hoffen, ich würde es nun auch mit einem größeren thun? Er kam in meine Wohnung, die Thür war wie gewöhnlich unverschlossen, und trat ein. —

Die Verzweiflung des Armen darüber, daß er mich nicht zu Hause traf und so seine Hoffnung vernichtet war, läßt sich leicht denken. — Aber ich bin nicht im Stande, die Qualen und den Kampf zu schildern, den er zu bestehen hatte, ehe die Versuchung sein Gewissen besiegte, ehe er das Geld aus meiner Brieftasche, die auf dem Schreibtische lag, heraus-

nahm. Es war seine Absicht, mir binnen Kurzem
den Betrag zurückzuerstatten, und er meint, daß dies
ihm möglich sein würde. —

David hielt inne und begann dann von Neuem:

— Die Sache beim Gericht anhängig zu machen,
wie Blom in der ersten Hitze vorschlug, hieße nicht
allein die ganze Zukunft des Jünglings vernichten,
sondern es würde dadurch auch ein schlechtes Licht
auf die Studentenschaft im Allgemeinen geworfen,
und aus diesem Grunde kamen wir überein, gemein=
sam mit Euch, seinen ältesten Kameraden, in der
Stille über ihn zu richten.

— Ich für meinen Theil werde es stets bedauern,
wenn Alm unbestraft davon kommt, rief Blom aus.
Das Ansehen der Studentenschaft fordert nach meiner
Anschauung, daß wir den Dieb dem Gerichte über=
liefern, dadurch unsere Achtung vor dem Rechte zu
erkennen geben. —

— Und in den Augen der Menge die Universität
beflecken, fiel David ein. Glaubst Du, daß es der

große Haufe unterlassen wird, darauf hinzuweisen, welchen schlagenden Beweis man nun für die Sittenverderbniß in Upsala habe? Nein, so lange ich ein Wort mitzureden habe, soll dies nicht geschehen.

Die Debatte wurde nun allgemein und lebhaft. Man sprach dafür und dagegen; zuletzt aber schienen die Meisten mit David darin übereinzustimmen, daß man die Sache nicht in die Oeffentlichkeit bringen solle. Alm aber dürfe trotzdem seiner wohlverdienten Strafe nicht entgehen. Er hatte sich bereits verpflichtet, das gestohlene Geld zurückzuzahlen und von irgend einem Nachgeben in dieser Beziehung konnte natürlich nicht die Rede sein. Inzwischen wollte es nicht gelingen, unter den verschiedenen Arten der Bestrafung, die vorgeschlagen wurden, eine zu finden, welche sich des Beifalls aller Anwesenden zu erfreuen gehabt hätte.

Darin aber war man zu ziemlicher Einstimmigkeit gelangt, daß Alm so schnell wie möglich die Akademie verlassen müsse. Die Berathung schien zu

Ende und die jungen Leute wollten bereits aufbrechen.

Da bat Waldner noch zu bleiben. Er hatte eine Zeit lang schweigend ihren Reden gelauscht, ohne selber eine Meinung zu äußern. David erinnerte nun daran, daß sie versprochen hätten, keinen endgültigen Beschluß zu fassen, ehe er seine Ansicht ausgesprochen haben würde.

— Nun wohl, fiel Blom ein, es kann doch zum T...[nicht Deine Absicht sein, daß der Gauner hier fort und fort herumlaufen und für unseren Kameraden gelten soll?

— Gerade darüber möchte ich mich aussprechen, äußerte David.

Ruhig und mit beredten Worten schilderte er nun, in welcher Weise Alm auf Abwege gerathen; wie er, wenn man ihn aus dem Kreise der Kameraden ausstieße, allen Halt verlieren würde, um zu einem fleckenlosen Wandel zurückkehren, ja wie er eigentlich gezwungen würde, auf der Bahn fortzuwandeln, die er unter dem Einfluß seiner unglücklichen Spielneigung betreten und die ihn schließlich in's Gefängniß führen müßte. David deutete dann auf die Wahrscheinlichkeit hin, daß Alm ein tüchtiger Mensch werden und vollkommen wieder gut machen würde, was er verbrochen, wenn sie nach dem Princip der christlichen Milde handeln und Gnade für Recht ergehen lassen wollten. Bliebe er Student, dann würde er ja stets unter der Aufsicht der Kommilitonen stehen und dadurch müßte sein Bemühen, zu einem ordentlichen Lebenswandel zurückzukehren und mit seinem Vergehen zu versöhnen, bedeutend unterstützt werden.

Es war Davids gutes Herz, das also sprach und seine Worte fielen auf guten Boden. — Nicht Einer der Anwesenden wollte Alm's Zukunft auf dem Gewissen haben; nein, er sollte unter ihnen bleiben, aber unter Waldners und der Uebrigen steter Aufsicht. Alles sollte vergessen sein, wenn Alm's Betragen bewiese, daß sein Beschluß der Besserung ein ernstgemeinter sei; aber wenn er sich wieder verginge oder vergäße, daß Arbeit das einzige Mittel sei, sich Achtung wiederzugewinnen, sollte er aus ihrem Kreise ausgeschlossen sein.

Um einen Zwang auf ihn ausüben zu können, schlug Blom vor, daß Alm an David eine schriftliche Verpflichtung nach folgendem Entwurfe geben sollte:

„Ich Christoffer Alm bekenne hierdurch, dem Cand. med. Herrn David Waldner eine Summe von siebenhundert (700) Reichsthalern entwendet zu haben und verpflichte mich dieselbe binnen n. n. Tagen (Monaten) von unterzeichnetem Dato ab zurückzubezahlen. Außerdem fordere ich Herrn Waldner auf, meinen Diebstahl gerichtlich verfolgen zu lassen, sobald er sich durch mein künftiges Betragen dazu befugt fühlen sollte.

Upsala, den u. s. w."

David sprach seine Mißbilligung darüber aus, daß man von Alm auf diese Weise die Verpfändung seiner Ehre verlangte; da er aber sah, daß die Uebrigen dem Vorschlage beistimmten, war er genöthigt, ihnen nachzugeben.

Der junge Verbrecher wurde hereingerufen. Blom wandte sich zu ihm mit folgenden Worten:

— David Waldner ist edelmüthig genug gewesen und hat darauf verzichtet, Dein Vergehen dem Gerichte zu denunciren, und im Vertrauen darauf, daß Deine künftige Handlungsweise uns niemals Grund geben wird, unsere Nachsicht zu bereuen, haben wir seinem Vorschlage beigestimmt. Damit Du Dir aber nicht mit der Hoffnung schmeicheln mögest, daß wir von Stunde ab Deine That vergessen haben, ist von uns beschlossen worden, von Dir eine Verpflichtung folgenden Inhalts zu verlangen: Blom las seinen gutgeheißenen Entwurf vor. Als dies geschehen war, fügte er hinzu: Dort auf dem Tische liegt Papier, Feder und Tinte; schreib!

Alm ging schweigend und mit gesenktem Haupte zum Tische. Als die Schrift fertig war, überlieferte er sie an Blom, der sie David hinreichte und dabei sagte:

— Wenn Alm die siebenhundert Reichsthaler zurückgezahlt hat, dann stellst Du ihm diesen Schein in unserer Gegenwart zurück und der ganze Vorfall soll vergessen sein. Macht er sich aber inzwischen einer Handlung schuldig, die dem Gebot der Pflicht und Ehre widerstreitet, dann fordern wir dies Dokument von Dir, um davon den Gebrauch zu machen, den wir für gut erachten.

Die fünf jungen Männer nahmen darnach Abschied von Waldner und entfernten sich, um sich einen fröhlichen Abend zu machen und ihre unbehagliche richterliche Thätigkeit zu vergessen.

Alm und David waren allein.

Der Erstere, der so lange die Genossen anwesend waren kein Wort gehabt hatte, um seine Dankbarkeit auszudrücken, stürzte auf David zu, ergriff seine Hand und stammelte mit zitternder Stimme:

— Waldner, wodurch soll ich Dir meine Erkenntlichkeit beweisen; auf welche Weise kann ich mir

Dein Wohlwollen erwerben? Thränen der Reue und Demuth rannen dabei über des Jünglings Wangen.

— Werde ein tüchtiger Mensch, und Du hast Alles gethan, was wir von Dir verlangen, entgegnete David. Von heut Abend an ziehst Du indessen zu mir; es wird Dir auf diese Weise leichter werden, wieder zu geordneter Thätigkeit zurückzukehren.

Es klopfte in demselben Augenblick an die Thür. —

— Herein, rief David. Ein feingekleideter Herr in mittleren Jahren trat ein.

— Wohnt hier Candidat Waldner? fragte er. Gleichzeitig aber erblickte er Alm und rief:

— Christoffer!

— Mein Vater, murmelte der Jüngling und ließ sein Haupt auf die Brust sinken.

David starrte den Mann an. Er hatte nie davon gehört, daß Alm noch einen Vater habe.

Der, welcher so benannt worden war, ging auf Christoffer zu und sagte:

— Ich bin hier, um Dir zu helfen. Erst gestern Abend erhielt ich Deinen Brief und reiste sofort.

Christoffer verbarg sein Angesicht in den Händen und David entfernte sich unbemerkt.

Lars Sjöqvist, Christoffer's Vater, war ungefähr fünfzig Jahre alt und ein Mann, der sich in jüngeren Jahren gerade nicht durch große Gewissenhaftigkeit ausgezeichnet hatte. Seitdem er Vater geworden, besaß er jedoch wenigstens ein edles Streben, das, aus seinem Sohne einen ehrenhaften Menschen zu machen; er selbst war kaum etwas Anderes als das Gegentheil gewesen. Des Knaben wegen gab er seine Gewohnheiten auf und suchte sich in der Gesellschaft eine geachtete Stellung zu verschaffen; aber aus Furcht, daß das Vergangene wieder aufleben könnte, hatte er Christoffer bei seinem Eintritt in die Schule den Namen Alm gegeben.

Sjöqvist hatte seine Laufbahn als Lakai begonnen. Schlau, anstellig und geschmeidig, war er bis zum Kammerdiener aufgestiegen und hatte sich dann mit einer Haushälterin verheirathet. Als Christoffer noch ein Kind war, verließ der Vater seinen Dienst und hatte dabei so bedeutende „Ersparungen" gemacht, daß er sich als Handelsmann in der Hauptstadt niederlassen konnte. So lange seine Frau lebte, war Alles gut und vortrefflich; — aber kurz nach ihrem Tode trafen ihn mehrere bedeutende Verluste: Das Geschäft wollte nicht aufblühen und ein Fehlschlag folgte dem andern. Der Sohn wurde älter, seine Erziehung kostete mehr und mehr und die Sorgen nahmen zu. Trotzalledem wollte der Vater nicht, daß sein Sohn sich einschränke und die Folge davon war, daß Sjöqvist einige Monate vor dem Ereigniß, bei dessen Erzählung wir seinen Sohn zum ersten Male nannten, sein Besitzthum zur Befriedigung der Gläubiger veräußern mußte.

Um das Maaß des Unglücks voll zu machen, erhielt er nun von seinem einzigen Kinde das Bekenntniß des begangenen Diebstahls. Das war ein niederschmetterndes Geständniß. Aber die Liebe ist

langmüthig und zum Vergeben geneigt, auch wenn sie
in der Brust eines Menschen wohnt, dessen morali-
scher Werth sonst ein sehr geringer ist. Sjöqvist
verzieh dem Verirrten und sagte, daß er keine Ruhe
haben würde, ehe Alm's Verschreibung eingelöst sei.
— Dieses Geld mußte angeschafft werden, es mochte
kosten, was es wollte.

Nach einer mehrstündigen Abwesenheit kam David
wieder, überzeugt, daß der Mann den Christoffer Vater
nannte, fort sein würde; aber er fand ihn noch in
seiner Wohnung.

Sjöqvist hatte ihn erwartet, um David zu danken
und ihn zu bitten, daß er sein Verwandtschaftsverhältniß zu Alm nicht erwähnen möchte. Er gab
gleichzeitig David die heiligsten Versicherungen, daß
er niemals vergessen wolle, was Christoffer ihm, dem
edelmüthigen Freunde schuldig sei. .

Die Vorlesungen waren zu Ende. David verließ Upsala einige Tage vor Weihnachten um nach Hause zu reisen; er bat Christoffer ihn zu begleiten. — Dankbar nahm Alm das Anerbieten an.

David verblieb ein paar Tage in Stockholm um Georg zu erwarten, der sich jetzt auf der Bergakademie in Falun befand und gleichfalls die Ferien in der Heimath zubringen sollte.

Am zweiten Abend seines Aufenthaltes in Stockholm besuchte David das königliche Theater. Als er von dort wegging, schlug er den Weg durch die Friedensstraße ein, um nach dem Hause der Gerichtsräthin Björnstam, bei welcher er wohnte, zu gelangen. — In Gedanken vertieft, wanderte er vorwärts ohne sich umzusehen und lief so gegen einen Mann, welcher still stand und sich mit einem Anderen unterhielt. Der Angestoßene gab durch einen Fluch seinen Unwillen zu erkennen. Der Schein einer Laterne fiel auf das Gesicht des Fluchenden. Es war Arvid Broolind.

— Was, bist Du in Stockholm, rief David aus

und warf dabei einen forschenden Blick auf Denjenigen, mit welchem Broolind gesprochen hatte. Der Mann trug einen großen Pelz.

— Ich bin vor ein paar Stunden hier angekommen, entgegnete Broolind, und machte eine kaum bemerkbare Bewegung mit dem Kopfe, welche den Mann im Pelze bewog, sich alsbald zu entfernen. — Davids scharfe Augen hatten ihn indessen erkannt. Es war Christoffers Vater.

— Mit wem sprachst Du? fragte David.

— Mit einem Gutsbesitzer aus meiner Gegend, antwortete Arvid und nahm Davids Arm, indem er hinzufügte: Wir gehen wohl miteinander, da wir Beide bei Tante Björnstam wohnen?

— David und Arvid schritten zusammen die Straße hinunter.

— Bist Du vollkommen sicher, daß der Mann im Pelze aus Deiner Gegend ist? fragte David.

— Welche Frage; ich kenne ihn sehr gut.

— Auch ich kenne ihn, nahm David wieder das

Wort. Er heißt Sjöqvist und ist weiß Gott Handelsmann hier in der Stadt.

— Du irrst; sein Name ist Kornberg. — Du hast Dich durch eine zufällige Aehnlichkeit täuschen lassen.

Broolind begann darauf von des Onkels bevorstehender Hochzeit zu reden und zwar in einer für den Obersten wenig schmeichelhaften Weise.

David unterbrach ihn plötzlich indem er erklärte, daß wenn es auch Arvid Vergnügen mache, seine Verwandten zu verleumden, er doch keine Lust habe, dergleichen anzuhören; er bat ihn ein anderes Thema für ihre Unterhaltung zu wählen.

Als sie in das Haus der Gerichtsräthin gekommen waren, trat ihnen eine Dienerin entgegen und theilte dem Lieutenant mit, daß die gnädige Frau ihn noch sprechen wolle. Arvid reichte dem Candidaten die Hand zum Abschiede; David aber meinte, er müsse erst mit zur Tante gehen, um ihr eine gute Nacht zu wünschen.

Als sie in das Empfangszimmer eintraten, schritt

die Räthin auf Arvid zu und rief, ohne Davids An=
wesenheit zu beachten:

— Was hatte er mitzutheilen?

Broolind gab ihr ein Zeichen; sie bemerkte jetzt David.

— Ah, ich sah Dich gar nicht, lieber David —
Arvid hat es übernommen, für meine Rechnung einige
Geschäfte zu besorgen und ich war begierig, zu er=
fahren, wie sie gelungen sind.

— Alles geht gut, sagte Arvid; der Mann will
das Getreide kaufen.

Bald darauf entfernte sich David und ging auf
sein Zimmer. Broolinds Betragen kam ihm son=
derbar vor. — Weshalb mißtraute er ihm? —
Machte sich wieder das Vorurtheil geltend, das er
von Kindheit an gegen Arvid gehegt, oder war ihm
in der That ein triftiger Grund zum Mißtrauen gegeben?

David hatte den Mann im Pelz nur überaus
flüchtig gesehen; ein Irrthum war leicht möglich, und
wahrscheinlich war es überdies, daß Arvid von der
Gerichtsräthin mit Getreideverkäufen beauftragt war.

Alles das bedachte David sehr wohl und doch zerbrach er sich während der Nacht den Kopf, um zu ergrübeln, weshalb sich Arvid eigentlich in Stockholm befände.

Am nächsten Morgen begab er sich schon früh zu Christoffer. Dieser war seit seiner Ankunft in Stockholm noch nicht mit seinem Vater Sjöqvist zusammengetroffen, der sich auch in diesem Augenblicke nicht zu Hause befand. Christoffer glaubte, daß er ausgegangen sei, um in's Geheime mit einer Person aus der Familie Björnstam zusammenzutreffen. David fragte, in welchem Verhältniß Sjöqvist zu dieser Familie stände, und Christoffer theilte ihm unter dem Siegel der tiefsten Verschwiegenheit mit, daß sein Vater Kammerdiener bei Wilhelm Björnstam gewesen sei. — Erst nach dem Tode desselben habe er Handelsgeschäfte betrieben.

Durch alle diese Mittheilungen erhielt Davids Mißtrauen neue Nahrung. Er zweifelte nicht mehr, daß Broolind an irgend einer Intrigue spinne.

Christoffer sprach endlich die Vermuthung aus,

daß sein Vater von der Gerichtsräthin Björnstam Unterstützung in seinen Geldverlegenheiten erhoffe und daß er zu diesem Zweck einen ihrer Verwandten bewogen habe, für ihn bei der alten Dame das Wort zu führen. — —

David ging wieder nach Hause, um der Tante seine Aufwartung zu machen. Sie empfing ihn freundlich und bemerkte darauf, daß Broolind Stockholm nach einem eintägigen Aufenthalte wieder verlassen habe.

Im Laufe des Gespräches fragte David, ob die Tante einen Mann Namens Lars Sjöqvist kenne.

Die Räthin runzelte die Stirn und antwortete in ziemlich scharfem Tone:

— Mein verstorbener Sohn hatte einen Diener dieses Namens, soviel ich mich erinnere. — Warum thust Du diese Frage?

— Weil ich den Mann auch kenne, sagte David. — Bist Du in letzterer Zeit irgend wie mit ihm in Berührung gekommen?

— Nein! — Die Räthin sah nach der Uhr. Es ist Zeit zum Ankleiden, sagte sie. Ich werde bei H——s diniren. Du magst Georg empfangen, der inzwischen kommen wird. Ich bleibe bis Abend fort. Ihr reiset ja wohl morgen früh. Ich gehe erst in zwei oder drei Tagen nach Haraldshof. Zum ersten Male nach meines theuren Wilhem Tode, werde ich diesen Ort wieder besuchen, um dort — eine Hochzeit zu feiern.

Die Augen der alten Dame funkelten, als sie so sprach; dann fuhr sie fort:

— Es ist jedoch nicht meine Bestimmung, an dem Freudenfeste Theil zu nehmen, sondern sie ist ganz anderer Art. Lebewohl, mein David; glückliche Reise und Deiner Mutter herzliche Grüße. —

Die Gerichtsräthin entfernte sich und David wiederholte:

„Sondern sie ist ganz anderer Art!"

Im Vorzimmer traf er Georg, der früher, als man erwartet hatte, angekommen war.

Die beiden Brüder besuchten am Abend das

Schauspielhaus. Als sie von dort heimkehrten, überlieferte der Portier an David einen Brief und sagte dabei:

Ein Herr ist hier gewesen und hat nach Ihnen gefragt. Er gab mir dies Billet, weil er den Herrn Candidaten nicht zu Hause traf.

David erbrach den Umschlag und fand zwei Briefe darin; der Eine war von Christoffer und lautete folgendermaßen:

„Aus den Fragen, die Du heut früh an mich richtetest, schließe ich, daß Du meinen Vater zu sprechen wünschtest, und ich benachrichtige Dich deshalb davon, daß er verreist ist, ohne mir zu sagen, wohin. — Ich übersende Dir einen Brief, der offen auf seinem Schreibtisch liegen geblieben ist. Vielleicht giebt Dir sein Inhalt einige Aufklärung in Betreff der Verbindung, in welcher mein Vater zur Familie Björnstam steht.

Dein dankbarer
Christoffer."

Der Brief, welcher beilag, war von Broolind's

Hand, ermangelte aber sowohl der Ueber- als Unterschrift. Es hieß darin:

„Wenn Sie im Stande sind, zu beweisen, daß
es gesetzliche Erben zu den Gütern giebt, in deren
Besitz augenblicklich der überlebende Bruder ist, so
verpflichtet sich die Gerichtsräthin, Ihnen die ganze
Summe auszuzahlen, die Sie verlangt haben. Dieses
bedeutende Opfer an Geld bringt sie gern, um den
Kindern des Verstorbenen ihr Eigenthum zurückzu=
erstatten und den strafen zu können, der auf ungesetz=
liche Weise dasselbe in Besitz genommen hat. Ge=
statten Sie mir eine Unterredung unter vier Augen,
dann können wir weiter darüber sprechen. Halten
Sie Sich aber jedenfalls bereit, mir zu folgen."

David sah sofort ein, daß es sich um Oberst
Björnstam handele.

Derartig war also die Bestimmung der Gerichts=
räthin. — Was sollte David thun? — Nichts! Die
Ereignisse mußten ihren Gang gehen, und der, welcher
unredlich gehandelt, mußte die Folgen seiner Hand-

lungsweise tragen. Was hatte David mit dem Obersten zu schaffen? Weder konnte noch durfte er sich in diese Angelegenheit mischen.

Konnte Björnstam je ein Schmerz treffen, welcher sich mit dem vergleichen ließ, den David erlitten hatte, als er die Nachricht von Marit's Verlobung erhielt? — Bei der Erinnerung daran schien es David, als müßte er mehr als ein Mensch sein, wenn er des Obersten Warner würde. —

David nahm einen Brief aus seinem Tagebuche und las darin. Sein Gesicht wurde wieder mild. Als er zu Ende war, legte er den Brief mit einer Vorsicht und Achtsamkeit wieder weg, als wäre es ein heiliges Schriftstück. Dabei murmelte er:

— Marit, Dich kann ich nimmer verkennen, nimmer vergessen, wie Du geliebt hast, nimmer mich Deiner Achtung und Liebe unwürdig machen. Nein, fort mit aller Selbstsucht, mit allen schlechten Gefühlen. — Nur daran will ich in Zukunft denken, daß seine Ehre auch die Deine ist, daß jeder Flecken auf seinem Namen auch Dich betrifft; und wachen will ich darüber, daß Deines Mannes Ansehen unangetastet bleibe. — Offen liegt der Weg vor mir, den ich zu wandeln habe. — Oberst Björnstam ist in wenigen Tagen Marit's Gatte; er ist es außerdem, der meiner Mutter geholfen hat, ihr Vermögen zu retten; er ist unser Wohlthäter. — So habe ich also Pflichten gegen ihn, selbst wenn er sich gegen mich vergangen hat. —

Am folgenden Morgen reisten Georg, David und Alm von Stockholm nach **köping.

Auf Angsberga herrschte reges Leben. Frau Walbner bewohnte wieder ihr schönes Gut. Vier Jahre lang war sie davon entfernt gewesen; vier Jahre lang war es von Pächtern verwaltet und während dieser Zeit hatte sie sich alle möglichen Entbehrungen auferlegt, um eines Tages das Ziel ihrer Wünsche zu erreichen: die Deckung der Schulden ihres Mannes. Als sie nach **köping gezogen war, hatte sie nicht gehofft, so bald wieder in den Besitz ihres Gutes zu gelangen. Daß dieses geschah, verdankte sie allein den klugen Anordnungen des Obersten.

Den Herbst nach Davids Abreise von Haraldshof waren die Schulden des verstorbenen Waltner bezahlt, die Pfandbriefe eingelöst und seine Wittwe hatte die Genugthuung, wieder umgeben von ihren Kindern, die zu kommen versprochen hatten, das Weihnachtsfest auf ihrem Landsitz zu feiern. David hatte sie während eines ganzen Jahres nicht getroffen; mit Georg war sie nur flüchtig zusammengekommen.

Es war wenige Tage vor dem heiligen Abend. Frau Waltner kam und ging; bald war sie in der Küche, bald im Wohnzimmer, bald im Salon. — Die Dämmerung brach ein, die Lichter wurden angezündet und die Hausfrau begab sich noch ein Mal in das Zimmer ihrer Söhne, um nachzusehen, ob es warm und alles in Ordnung wäre, wovon sie sich allerdings schon zwanzig Mal überzeugt hatte. Dann wurde ein Kaminfeuer im Salon angezündet und der

Kaffeetisch gedeckt. Bei all diesen Anordnungen umschwebte ein freudiges Lächeln der Mutter Mund.

In den vorhergehenden Tagen war Schnee gefallen, so daß die Erwarteten auf den guten Wegen in der festgesetzten Zeit anlangen konnten.

Schlittengeläute erklang auf dem Hofe. Die Stubenuhr schlug fünf.

Frau Waldner eilte auf den Flur hinaus, um so bald wie möglich ihre Söhne zu umarmen.

— Guten Abend, liebe Tante, rief eine in Mantel und Pelz gehüllte Dame und warf sich ihr in die Arme. — Wir kommen einen Tag früher als bestimmt war, fügte sie hinzu; aber ich hoffe, daß Tante nicht mißvergnügt darüber sein wird.

Frau Waldners Gesicht zeigte einen hohen Grad von fehlgeschlagener Hoffnung, als sie statt ihrer „Jungen" Mathilde Brolind, deren Mann, zwei Kinder und Dienstmädchen vor sich sah. Sie waren allerdings geladen, Weihnachten auf Angsberga mitzufeiern, aber Frau Waldner erwartete sie erst am Tage vor

heilig Abend und hatte sich sehr gefreut, vorher noch
mit ihren Söhnen allein zu sein. — Sie hatte Ma=
thilde herzlich lieb, aber die Nichte stand ihrem Herzen
doch nicht so nah, wie ihre eigenen Kinder. Sally
Waldner war indessen eine viel zu zartfühlende Frau,
um Mathilde merken zu lassen, was in ihr vorging.
Sie bewillkommnete ihre Gäste in der zuvorkommend=
sten Weise.

Nach einiger Zeit, in der sich Mathilde und
ihre Familie der Pelze entledigt hatten, finden wir
die ganze Gesellschaft um den Kaffeetisch im Salon
versammelt. Mit einem unterdrückten Seufzer bot
Frau Waldner ihren Verwandten den Kaffee, der für
ihre Söhne bestimmt gewesen war.

Mathilde und Broolind hatten viel von **köping
zu erzählen; aber mitten im Gespräche wurden sie
unterbrochen. Wieder klang Schlittengeläute auf dem
Hofe und die sehnsüchtige Mutter eilte hinaus. Dies
Mal wurde ihre Erwartung nicht getäuscht.

Frischer Kaffee wurde gebracht und Frau Wald=

ner trat mit ihren Söhnen und Christoffer Alm in den Salon. Das Antlitz der glücklichen Mutter strahlte vor Freude. Georg sah blühend aus und frisch und war sich ziemlich gleich geblieben. David aber hatte sich bedeutend verändert. — Er war bleich und sein Gesicht zeigte einen so tiefen Ernst, daß von der früheren Weichheit nichts mehr zu entdecken war. Das eine letzte Jahr hatte ihn um zehn Jahre älter gemacht. Der schwärmerische Jüngling war plötzlich zum Manne gereift.

Artig aber kalt grüßte er Mathilde und Broolind. Sein Betragen war gemessen, herzlich und einnehmend und mit freundlichem Lächeln folgte er dem Ersuchen, am Kaffeetisch Platz zu nehmen. — Georg versicherte, daß er tüchtig zugreifen werde.

Frau Waldner, die sich daran erinnerte, wie die Brüder sonst mit einander zu scherzen pflegten, wer von ihnen am meisten vertilge, warf einen trauervollen Blick auf den Aelteren, der die leckeren Brödchen kaum berührte.

— Du bist doch nicht krank, mein lieber David? fragte sie.

— Nicht im Geringsten, versicherte dieser. Ich befinde mich vollkommen wohl und bin, soweit ich mich erinnere, in meinen Studentenjahren niemals krank gewesen, das heißt also seit fünf Jahren nicht.

— Aber mein Kind, du bist bleich und mager geworden.

Wenn dem so ist, dann kommt es von der Arbeit und das darf Dich nicht beunruhigen, theure Mutter; das beweißt nur, daß Dein träger David fleißig geworden ist. Mathilde wird nicht länger Grund haben, mir meinen „schauerlichen Müssiggang" vorzuwerfen, wie sie früher zu thun pflegte. — Du denkst doch noch daran, daß Du mir manche Strafpredigt zukommen ließest, als wir Braut und Bräutigam spielten, fügte er hinzu.

— Du warst auch schrecklich träg in Deinen Jünglings-Jahren, antwortete Mathilde.

Nach einiger Zeit äußerte David:

— Wenn ich nicht irre, so schrieb mir Mutter, daß Du, Mathilde, im vorigen Jahre kurz vor meiner Abreise von Haraldshof in **köping gewesen seist. Du machtest ja wohl gleichzeitig einen Besuch auf Haraldshof?

— Ja, das that ich, antwortete Mathilde, welche diese Frage ein wenig genirte. — Wie steht es mit dem alten Ring? fügte sie zu Frau Waldner gewendet, hinzu.

— Er ist vollkommen wiederhergestellt.

— Das ist eine angenehme Nachricht, fiel Broolind ein. Die Geschichte seines Unfalls klang übrigens ziemlich mysteriös; es scheint beinahe, als ob ihn Jemand hätte um's Leben bringen wollen.

— Und wer sollte das sein? fragte David.

— Der, welcher vielleicht Grund hat, Rings Kenntniß von Diesem und Jenem zu fürchten.

— Das heißt für das einfachste Ereigniß von der Welt heimliche Beweggründe suchen, meinte David. Der alte Ring hat eine sonderbare Liebhaberei für lebhafte Pferde. Er fährt mit einem Fohlen aus, das vorher kaum einen Zaum getragen hat; ein Paar Wanderer begegnen ihm; sie lärmen, das Pferd scheut, springt zur Seite, schleudert den Wagen gegen einen Stein und wirft ihn um. Die Wagendecke ist zugeknöpft, Ning kann nicht heraus und wird ein Stück fortgeschleift. Der Zufall fügt es, daß glücklicherweise Oberst Björnstam vorüberfährt. Er hält das Pferd auf, bringt Ning nach Hause und eilt selbst zum Arzte. — Das sind alles Dinge, die Dir vollkommen fremd zu sein scheinen. —

— Höchst sonderbar, höchst sonderbar, murmelte Arvid. — Davids Wangen bedeckten sich bei diesen Worten mit lebhafter Röthe. Er trank seinen Kaffee aus und stand unmuthig auf.

— Findest Du etwas Sonderbares in diesem Ereigniß, liebe Mutter? fragte er.

— Nein, mein Kind, wahrhaftig nicht und ich bedaure tief, daß man so schnell bereit gewesen ist,

Geschichten zu erdichten, die sammt und sonders mindestens sehr unwahrscheinlich klingen.

— So! Man ist wohl niederträchtig genug gewesen, den Namen des Obersten Björnstam mit diesem Unglücksfall in Verbindung zu bringen. Es sollte mich interessiren, den Urheber all dieser Gerüchte kennen zu lernen —' Davids Augen ruhten auf Broolind. — Wüßte ich den Verläumder, ich wollte ihm die Hölle heiß machen.

— Ihr scheint mir langweilig werden zu wollen, fiel Georg ein. Es lohnt sich nicht, sich mit solchen Nachreden aufzuhalten. Onkel Björnstam ist über dergleichen erhaben, das weiß ein Jeder, der ihn kennt. — Wir sind hier zu Hause, um Weihnachten zu feiern und froh zu sein, aber nicht um über unbehagliche Dinge zu reden.

— Georg hat Recht, rief Mathilde aus, besonders da wir am dritten Feiertage zur Hochzeit gehen.
— Sie warf bei diesen Worten einen flüchtigen Blick auf David, konnte aber die Wirkung ihrer Worte

nicht erkennen; Davids Angesicht war von ihr abgewandt.

— Fräulein Ring macht eine glänzende Parthie, äußerte Arvid und es war uns allen eine große Ueberraschung zu hören, daß der Oberst sich von Neuem verheirathen wollte. —

— Die Gouvernante hat ihre Karten gut gespielt, wenn sie jetzt Herrin auf Haraldshof wird, unterbrach Mathilde. Das zeugt von bedeutender Schlauheit und Berechnung. — Sie soll von ihrer frühesten Jugend an den Wunsch gehegt haben, reich zu werden. — David trat an eines der Fenster.

— Liebe Mathilde, ich kenne Dich gar nicht wieder, meinte Georg; es ist eine häßliche Angewohnheit, andren Leuten Böses nachzureden. Kenntest Du Marit Ring, dann würdest Du Deine Aeußerungen bereuen. — Daß sie sich nicht aus Eigennutz verheirathet, kann ich versichern. —

— Aus Liebe also?!

— Höchst wahrscheinlich, antwortete Georg. Es wurde an diesem Abend nicht weiter über Marit gesprochen.

Schon früh am nächsten Tage fuhr Georg nach Haraldshof.

Dagmar war fast vollkommen erwachsen und seit einem halben Jahre hatte er sie nicht gesehen.

Auf Angsberga stand Mathilde an einem der Flurfenster und sah dem Schlitten nach, der mit Georg und Arvid davoneilte. Der Letztere hielt es für seine Pflicht, einen Besuch auf Haraldshof zu machen.

David näherte sich und Mathilde wandte sich lächelnd zu ihm.

— Ein herrlicher Wintertag, sagte sie.

— Ja, ich glaube, daß es prächtiges Wetter ist, antwortete David. — Ich möchte beinahe wünschen, daß die Sonne nicht so hell schiene.

— Und warum?

— Weil ich Dir etwas zu sagen habe, was mit dem klaren Himmel und der strahlenden Sonne nicht recht übereinstimmt. —

— Du erschreckst mich. Hast Du mir traurige Mittheilungen zu machen?

— Ueber Verrath und Falschheit zu sprechen, ist immer eine traurige Beschäftigung.

— Dann verschiebe es, bis wir einen finsteren, stürmischen Tag bekommen.

— Auf Morgen zu verschieben, was ich heut ausrichten kann, ist einer meiner früheren Fehler, die ich abgelegt zu haben glaube.

— Dann werden ich und die Sonne uns wohl unserem Schicksal unterwerfen müssen. Ich nehme nämlich an, daß die Hartnäckigkeit nicht zu den Fehlern gehört, welche Du abgelegt hast.

— Augenblicklich bin ich hartnäckiger als je, antwortete David und obenein habe ich jetzt ein sehr gutes Gedächtniß, was ich früher nicht besaß.

— Sind es etwa Erinnerungen vergangener Zeiten, mit denen Du mich erbauen willst?

— Gewissermaßen! — Ich wollte Dir für die freundliche Fürsorge danken, welche Du im vergangenen Jahre bewiesen hast. — Davids Wangen glühten.

— Wirklich. Darauf rechnete ich nicht, entgegnete Mathilde lachend.

— Davon bin ich überzeugt; aber Du hättest voraus sehen sollen, daß ich danach forschen würde, wer eigentlich meine gute Mutter so weit beredet hat, daß sie in meiner Liebe zu Marit eine Gefahr für mich erblickte. Du hättest weiter berechnen sollen, daß ich nach den Gründen suchen würde, die Dich zu Deinem Besuch auf Haraldshof bewogen. Ich weiß, daß Du es nur thatest, damit Dein Weg an Falknes vorüberginge. Mathilde, niemals werde ich Dir Deine Einmischung in meine Herzensangelegenheiten vergessen.

— Sagst Du das, um mich einzuschüchtern? fragte Mathilde in spöttischem Tone.

— Ja! —

— Was sollte ich wohl zu fürchten haben? —

— Daß ich mich möglicherweise an dem zu rächen suche, der Dich dazu verleitet hat. — Du hast Dich sehr verändert, seildem Du Broolinds Gattin geworden bist. Ich warne Dich indessen, ihm in seinen Plänen beizustehen. Grüß ihn und sag ihm, daß er mich in Zukunft zu seinem Gegner hat und daß es ihm wenig helfen wird, wenn auch die Gerichtsräthin auf seiner Seite steht. — Von Deinem Manne überredet, der mich von Haralbshof zu entfernen wünschte, beunruhigtest Du meine Mutter und Gott allein weiß, was Du Marit vorgeredet hast. Dein Mann glaubte nach meiner Entfernung seinen Onkel wieder besuchen zu dürfen, ohne dabei von meinen wachsamen Augen beobachtet zu werden. Er war damals nicht schlau genug, denn so lange ich mich in Marits Nähe befand, waren meine Gedanken einzig und allein bei ihr. Entfernt von ihr, suchte ich nach den Gründen ihres Betragens und ich fand sie ohne Schwierigkeit.

Du warst das Werkzeug gewesen, dessen man sich bediente, um mich zu entfernen und später ungestört die Fäden zu gewissen eigennützigen Intriguen spinnen zu können. —

— Ich verstehe nicht, was Du mit alledem sagen willst, äußerte Mathilde, und ich wünsche nicht einmal es zu verstehen. Du bist jedoch sehr im Irrthum, wenn Du glaubst, Arvid habe irgend etwas mit Deiner Entfernung von Haraldshof zu schaffen gehabt. Mich allein hast Du anzuklagen. —

— In diesem Falle möchte ich die Gründe Deiner Handlungsweise kennen lernen.

— Und wenn ich sie nicht mittheile?

— Dann nehme ich an, daß Du nach Anweisung Deines Mannes gehandelt hast.

— Mathilde beobachtete einige Minuten Stillschweigen; darnach aber sagte sie:

— Ich weiß nicht, weshalb ich die Wahrheit verschweigen sollte, Du bist hinlänglich treulos ge-

gen mich gewesen, so daß ich ein Recht zu haben
glaubte, mich zu rächen. —

Sie schilderte nun kurz, wie schlecht sich David
nach ihrer Ansicht gegen sie betragen habe.

Er wäre, sagte sie, schon bei Marits erstem Erscheinen in dieser Gegend von ihr hingerissen gewesen,
obwohl er stets geläugnet, Fräulein Ring auch nur
gesehen zu haben. Den Beweis dafür gäbe der ver-
lorene Ring, den er, nach Mathildens Meinung, verloren, als er ging, um mit Marit vor ihrer und
Dagmars Abreise nach Schonen zusammen zu treffen.
— Trotzdem hätte er auch ferner noch Mathilde seiner Liebe versichert und sie in ihrem Glauben belas-
sen, bis ihr endlich die Augen geöffnet seien und sie,
aus Aerger über seine Treulosigkeit sich mit Arvid
verbunden habe. Vier Jahre lang sei sie glücklich
verheirathet gewesen; da sei das Gerücht von Davids
Liebe zu Marit an ihr Ohr gedrungen, da habe sie
erfahren, daß er dieser Neigung wegen seine Studien

versäume, auf Haraldshof ein nuploses Leben führe und alles für eine ränkevolle Kokette aufopfere.

— Die Dankbarkeit, die ich Deiner Mutter schulde, schloß Mathilde, bewog mich nach **köping zu reisen und sie darüber aufzuklären, in welcher Weise Du für Deine Zukunft sorgtest. Tante schrieb Dir; aber sie erhielt keine Antwort; da erbot ich mich, mit Fräulein Ring zu reden und ihr einen Brief Deiner Mutter zu übergeben. — Was nun hast Du zu tadeln? Ich erfüllte meine Pflicht. Unglück und Sorge würden die einzigen Folgen der Verbindung mit einem Mädchen von Fräulein Rings Charakter und Alter gewesen sein. — Sie hat mir nur dankbar zu sein, daß ich ihr den Weg zu einer reichen Heirath ebnete.

— Ein für alle Male ersuche ich Dich Mathilde, jedes böse Wort über Marit zu vermeiden. Sie ist ein edles Weib und jedes Wort, das über sie gesprochen wird, bringt mein Blut in Wallung. — Wir haben nun über diesen Gegenstand genug geredet.

Ich will Dich nur bitten, Deinen Mann davor zu warnen, daß er es nicht versuche, dem Obersten Schaden zuzufügen.

— Dem Obersten! wiederholte Mathilde? Sein Ritter bist Du auch? Wenn Alles zu Allem kommt, dankst Du ihm wohl innerlich dafür, daß er sich mit Deiner — —

— Mathilde! rief David.

Die junge Frau verstummte. Sie wagte nicht weiter zu sprechen.

Eine Pause trat ein.

David maß die Diele mit hastigen Schritten. Sein ganzes Wesen befand sich in Aufregung. Plötzlich stand er still und zeigte Mathilde einen Ring, den er zwischen seinen Berlocques trug.

— Weiß Dein Mann, daß Du mir diesen Ring gegeben hast?

Mathilde erbleichte.

— Ich bin erst zwei und zwanzig Jahre alt, nahm David das Wort; aber in diesem letzten Jahre habe ich manche sehr traurige Erfahrung gemacht. Du hast mich der Untreue beschuldigt. Mich zu vertheidigen, ist überflüssig; ich will Dich nur an Eines erinnern, was Du vergessen zu haben scheinst. — Gedenkst Du des Tages, da Arvid hier war, um Abschied zu nehmen und Du ihn den Ring behalten ließest, den er gefunden hatte? — Ich sehe, daß Du Dich daran erinnerst und auch an das, was Du ihm dabei versprachst! Doch ich will Deinem Gedächtniß zu Hilfe kommen; dies Versprechen ging dahin, daß Du mir keinen anderen Ring an Stelle des verlorenen geben wolltest. Diesen hier hast Du mir trotzdem gegeben. Arvid war als Bräutigam eifersüchtig und er ist es noch. Er fragte Dich, ob ich irgend ein Andenken von Dir besäße und Du verneintest seine Frage. Merk nun: Sobald Du Dich im Mindesten unvortheilhaft über Marit aussprichst, sende ich Deinem Manne diesen Ring und die Briefe, die Du an mich geschrieben hast. Der letzte ist acht Tage vor Deiner Verlobung datirt. Nun, Mathilde, weißt Du, wonach Du Dich zu richten hast.

David ging. Mathilde sah ihm nach. Ihr Herz schlug stürmisch.

Sie hörte, daß David Christoffer rief und sich mit ihm nach seinem Zimmer begab.

Frau Waldner war mit den Dienerinnen in den Wirthschaftsgebäuden beschäftigt, die Weihnachtsvorbereitungen zu treffen. So blieb Mathilde allein, allein mit ihren bitteren Gefühlen. —

Es trat Jemand in das Zimmer und eine Stimme rief:

— Ich werde den Herrn Kandidaten sofort benachrichtigen.

Schritte nahten sich. Mathilde warf einen Blick in den Spiegel und nahm eine fröhliche Miene an.

Oberst Björnstam war gekommen.

Verbindlich grüßte Mathilde und brachte ihre Glückwünsche dar. Der Oberst dankte mit einem bitteren Lächeln. Er sah aus, als zweifelte er an der Aufrichtigkeit ihrer Wünsche. Mathilde begann sofort von Marit zu sprechen und gedachte ihrer guten Eigenschaften mit rühmenden Worten.

— Onkel, Sie sind offenbar dem Lehnsmann Ring und seinem Wohlbefinden feindlich gesinnt, sagte Mathilde scherzend; erst rauben Sie ihm seine Nichte, um sie zu Dagmars Lehrerin zu machen, und nun er sie endlich wiederbekommt, da nehmen Sie ihm sein Kleinod für immer.

— Das ist so der Lauf der Welt, antwortete der Oberst. Du verließest Tante Waldner, um Broc= linds Gattin zu werden; Tante Waldner verließ ihre Eltern, um ihrem Manne zu folgen und Marit thut daher, was viele andere Frauen vor ihr gethan haben.

— Das gebe ich gern zu, aber vor einem Jahre nahm man allgemein an, daß Marit Rings Liebe einem ganz jungen Mann gehöre.

— Das habe ich nicht gehört. Der Oberst lächelte.

Mathilde erschreckte vor diesem Lächeln und wußte nicht, wie sie es deuten sollte. Sie fühlte eine unwiderstehliche Lust, den Obersten dafür zu strafen.

— Onkel stellt sich unwissend, rief sie ganz munter; Sie wissen wohl, daß David von Marit eingenommen war, und daß sie für seine Huldigungen nicht gefühllos geblieben ist.

Zu ihrem Bedauern konnten Mathildens lebhafte Augen nicht die geringste Bewegung in des Obersten Zügen entdecken.

Möglich, daß es sich so verhalten hat, sagte er. Die Ungleichheit des Alters hat dann wohl bewirkt, daß von einer Verbindung zwischen ihnen nicht die Rede sein konnte. Du weißt ja selbst, daß die Jahre, welche Du vor David voraus hattest, Dich bestimmten, Broolind zu nehmen. David hat einen großen Verlust erlitten; ich habe einen bedeutenden Gewinn gemacht.

— Sie würden ihm doch wohl nicht gerathen haben, sich mit Fräulein Ring zu verheirathen?

— Das würde ich allerdings gethan haben, wenn er mich um Rath gefragt hätte.

— Aber denken Sie doch, wie jung er ist.

— Den Fehler macht die Zeit gut.

Mathilde konnte nicht begreifen, wie es möglich sei, so zu sprechen, wie der Oberst that.

Davids Erscheinen brach das Gespräch ab. Mathilde wohnte dem Begegnen der beiden Nebenbuhler bei. Davids Gesicht wurde von heftigem Schmerze verzerrt, als er den Obersten begrüßte.

— Ich habe Dir Einiges mitzutheilen, sagte der Oberst; es ist daher am besten, daß wir auf Dein Zimmer gehen.

Er verabschiedete sich bei Mathilde, wünschte ihr ein fröhliches Fest und verließ mit David das Zimmer.

———————

— In vier Tagen findet meine Hochzeit mit Marit Statt, sagte der Oberst, als er mit David allein war.

— Das weiß ich. David sprach diese Worte mit einiger Anstrengung.

— Marit hat Dich selbst von unserer Verbindung unterrichtet?

— Ja!

— Du weißt daher, daß kein Zwang, keine Ueberredung auf ihren Beschluß eingewirkt hat, sondern daß sie ihn freiwillig faßte.

— Auch das hat mir Marit mitgetheilt.

Davids Brust bewegte sich heftig.

— Mit welchem Gefühl empfingst Du diese Nachricht?

— Mit Erbitterung!

— Gegen Marit?

— Nein, für sie hat meine Seele nur milde und freundliche Gefühle. — Ich verstehe allerdings nicht vollkommen, weshalb Marit so gehandelt hat, aber mein Glaube an sie ist so groß, daß ich überzeugt bin, nur wahre und rechte Gründe konnten sie zu diesem Schritt bewegen.

— Dann war also Deine Erbitterung gegen mich gerichtet?

— Ja, denn Sie, Onkel, haben wie ein Dieb mein höchstes Lebensglück gestohlen.

— Gestohlen?! wiederholte der Oberst.

— Ja, so bezeichne ich das Betragen meines Onkels, rief David aus

— Sie haben, fuhr er fort, meiner Mutter Vermögen gerettet und dadurch mich und meinen Bruder zu Dank verpflichtet. Das aber hindert mich nicht, dem Oberst Björnstam zu sagen, daß er mit unvergleichlicher Schlauheit und Consequenz zu Werke gegangen ist, um sich der Beute bemächtigen zu können, die er zu besitzen wünschte.

Der Oberst stand ruhig dem jungen Manne gegenüber.

— Ich bin neugierig zu hören, was Dich zu diesem Urtheil berechtigt. — Ich erwarte, daß Du Dich darüber aussprichst.

— Das kann ich, fiel David hitzig ein. — Vom ersten Zusammentreffen mit Marit an, war es Ihr Beschluß, sie zu Ihrer Gattin zu machen. — Drei

Jahre vergingen, die Sie im Auslande zubrachten.
Diese Entfernung war darauf berechnet, den gegen Sie
aufgebrachten Lehnsmann zu beruhigen. Sie spielten
den Theilnahmlosen und doch waren Sie es, der durch
das Gespräch über Herr und Frau D—'s unglückliche
Ehe, Marit zuerst auf den Unterschied unsres Alters
aufmerksam machte. Sie waren es, der an dem letzten
Abend, den ich auf Haraldshof zubrachte, mich mit
väterlichem Wohlwollen auf die Nothwendigkeit hin-
wiesen, einen entscheidenden Schritt zu thun. Sie
thaten es, da Sie einsahen, daß dies die sicherste
Weise sei, mich von Marit zu trennen. Sie kamen
später nach Stockholm, versprachen, bei Marit für
mich zu reden, und redeten so, daß sie Ihre Verlobte
wurde. — Sie gewannen den Schatz, für dessen Besitz ich alles geopfert hätte. Vielleicht habe ich kein
Recht, mich zu beklagen, aber in diesem Augenblick
bin ich versucht, die Verpflichtungen der Dankbarkeit
zu verfluchen, die mich hindern, meinem Hasse freien
Lauf zu lassen.

Als David schwieg, äußerte der Oberst mit einem gewissen Gewicht in seinen Worten:

— David Waldner, ich verzeihe Dir, was Du eben gesprochen hast. Ich will es vergessen, wie ich den Schimpf vergessen habe, den mir Dein Vater einstmals angethan hat. — Nur wenn eine Anklage wahr ist, zürnt man. Sieh mir in die Augen, Knabe, und sage dann, ob ich aussehe, wie ein Mann, der durch List und Ränke sein Ziel zu erreichen sucht.

Einige Sekunden betrachteten sich die beiden Männer. David strich mit der Hand über die Stirn und murmelte:

— Ich kann an Marit nicht zweifeln und will dem nicht glauben, der sie mir genommen hat.

— An ihr zu zweifeln, hieße an dem Guten selber zweifeln.

— Aber, fiel David ein, wie läßt sich Marits Verfahren erklären. Sie heirathet Onkel und sie . . .

— Liebt Dich, rief der Oberst aus. Das ist es, was Marit gesagt hat.

— Aber wie kann sie dann . . .

— Meine Gattin werden! — Der Oberst legte seine Hand auf Davids Schulter. Wenn wir die Motive der Handlungen nicht kennen, dann sollen wir uns hüten, sie errathen zu wollen und vor allem anzunehmen, daß sie schlechte sind. — Einstmals wird Dir alles klar sein.

Wieder trat Stillschweigen ein. Der Oberst betrachtete den jungen Mann mit theilnehmenden Blicken. Endlich äußerte er:

— Kommst Du mit zur Hochzeit?

— Ja.

— Und Du weigerst Dich nicht, Marschall zu sein.

— Nein. Ihretwegen will ich mich auch diesem Amte unterziehen.

Der Oberst reichte ihm die Hand und sagte:

— Und nun lebe wohl.

— David ließ die Hand unberührt und äußerte in eher traurigem als erbittertem Tone:

— Jetzt ist es mir unmöglich, Marits Bräutigam die Hand zu drücken. —

Der Oberst ging. David lehnte sich gegen den Thürpfosten, als ob er nicht im Stande wäre, sich ohne diese Stütze aufrecht zu erhalten. Bittre Qualen durchwühlten seine Brust.

Nach einigen Augenblicken richtete er sich auf. Er ließ seinen Blick durch das Zimmer schweifen. Hier hatte er den ersten Schmerz durchlebt, den ihm ein Weib zufügte. Hier hatte er gesehen, wie Mathilde Arvid zulächelte. — Wie unglücklich hatte er damals zu sein gewähnt. — Fünf Jahre lagen zwischen damals und jetzt. David hatte seitdem ernst und tief geliebt; er war glücklich gewesen und hatte eine schöne Zukunft erhofft; aber jetzt — jetzt war ihm Alles geraubt: Die Liebe, das Glück und die Hoffnung. — Für seinen ersten Schmerz hatte David Thränen gehabt; für das, was er jetzt erfuhr, besaß er nicht einmal ein Wort der Klage. —

Bald darnach begab sich David in den Salon, wo er seine Mutter, Mathilde und Christoffer fand.

— Was wollte der Oberst? fragte Frau Waldner.

— Mich ersuchen, das Marschallsamt bei seiner Hochzeit zu übernehmen, antwortete David.

— Du hast natürlich abgelehnt?

— Gewiß nicht; warum sollte ich das thun?

Frau Waldner meinte, sie hätte vermuthet, das Marschallsamt würde nicht sehr behaglich für ihn sein.

— Wollen sehen, ob David nicht am Hochzeitstage krank wird, sagte Mathilde zu sich selbst. — Mich täuscht er nicht mit seiner zur Schau getragenen Gleichgiltigkeit.

Die Tage zwischen dem Besuch des Obersten und dem Hochzeitstage wurden in Gesellschaften in und außer dem Hause verlebt.

Am vierten Weihnachtstage fand die Hochzeit Statt. — Die Trauung sollte auf Haraldshof vorgenommen werden.

Zwischen sieben und acht Uhr nahm der Prediger seinen Platz ein. Die Flügelthüren des großen Saales öffneten sich und der greise Ring, die Braut an der Hand führend, trat ein. David war bleich wie der Tod.

Er hatte sich zu Marits Füßen werfen, mit verzweifelter Stimme ihr zurufen wollen:

— Wie kannst Du Dich einem Andern geben? Dein Ja ist das Todesurtheil für all mein Glück.

Jetzt stand er an des Obersten Seite und der Prediger begann den heiligen Akt.

Das Blut strömte David so heftig nach dem Kopfe, daß er einige Minuten gar nicht wußte, was um ihn her vorging. Erst als das „Amen" gesprochen wurde, kam er zu Bewußtsein. Die Beglückwünschung war Etwas, was er nur in einer Art Wahnsinn auffaßte. Erst als alle diese Ceremonien vorüber waren, gewann er den vollen Gebrauch seiner Sinne und seines Verstandes wieder. —

Marit hatte einmal gewünscht reich zu werden. Wie aber stand es nun? War es ihr gelungen, durch den gewonnenen Reichthum auch die Gefühle zu verbannen? Hatte sie Frieden und Ruhe erlangt? Ihr Aeußeres deutete nicht auf das Gegentheil hin. Man konnte allerdings bemerken, daß sie den Ernst und die Wichtigkeit des gethanen Schrittes wohl erkannte — doch war ihre Stirn unbewölkt, ihr Blick voll Ruhe.

Dagmar war jetzt zur Jungfrau herangereift und man sagte allgemein, daß sie sich sehr zu ihrem Vortheil verändert habe. — Sie hatte in der That ein ansprechendes, einnehmendes Wesen, und verhieß eines Tages ein schönes Weib zu werden. — Dagmar und Georg vergnügten sich ganz vorzüglich. Noch war ihnen des Lebens Kampf und Sorge fremd.

In dem blauen Salon saß die Gerichtsräthin auf dem Ehrenplatz. In ihrem Angesicht lag eine gewisse Bitterkeit. Gelegentlich warf sie einen Blick zu Broolind hinüber.

Der Oberst stand mitten im Salon im Gespräch mit einigen Herren und David näherte sich der Braut um ihr zuzuflüstern:

— Glaubst Du Marit, daß irgend Einer heißere Gebete für Dein Glück emporgesendet hat als ich?

— Nein, David!

— Mögest Du — ... David wurde durch eine Stimme unterbrochen, welche von der Thür aus rief:

— Es nützt nichts, wenn Ihr mich zu hindern sucht; ich muß hinein. — David blickte hin, eilte von Marit hinweg und murmelte:

— Das darf nicht geschehen! —.

Broolinds Augen hatten geleuchtet, die der Gerichtsräthin schossen Blitze; der Oberst und alle Gäste richteten ihre Blicke auf die Salonthür.

Auf der Schwelle stand ein Mann mit grauem Haar.

Er trug einen Ueberrock. Der Oberst wechselte die Farbe, als er den Mann erblickte.

Vollkommene Stille herrschte in dem von Menschen erfüllten Raume. Jeder erwartete, daß der Mann eintreten oder irgend etwas äußern würde. — Davids plötzliches Dazwischentreten hatte indessen den Fremdling zum Verstummen gebracht.

— Suchen Sie mich, Herr Sjöqvist, fragte David laut und schaute dem Manne scharf in's Auge. Bitte folgen Sie mir. Hier ist nicht der Ort zu einer Unterredung.

David ging aus dem Salon und nahm den Mann mit sich.

Nach Verlauf von ungefähr einer Viertelstunde kehrte er zurück, suchte Christoffer auf und sagte ihm einige Worte, wonach dieser verschwand. David stand eben im Begriff mit Dagmar und den jungen Mädchen ein Gespräch anzuknüpfen, als die Gerichtsräthin Björnstam ihre Hand auf seinen Arm legte.

„Laß uns ein wenig durch die Zimmer promeniren, äußerte die alte Dame.

David bot ihr den Arm; sie wanderten durch eine ganze Reihe von Gemächern und ruhten endlich in einem kleinen Eckzimmer. Die Gerichtsräthin hatte bis dahin nicht ein Wort gesprochen; jetzt brach sie ihr Schweigen mit der Frage:

— Du kennst diesen Sjöqvist?

— Ich glaube das schon früher erwähnt zu haben, antwortete David.

— Weißt Du, was er in früheren Tagen gewesen ist?

— Sie haben mir selbst erzählt, Tante, daß er bei Wilhelm Björnstam in Diensten gestanden hat.

— Weshalb entferntest Du ihn? fragte Frau Björnstam.

— Einzig und allein, weil er nicht zur Hochzeit geladen ist.

— So! und wo ist er jetzt?

— In meinem Zimmer in Gesellschaft mit Christoffer Alm.

— Entferne den Jüngling; ich muß mit dem Manne ungestört sprechen.

— Beste Tante, ich habe Alm bereits versprochen, ihn nicht stören zu wollen.

Die Augen der Räthin sprühten Feuer.

— Du scheinst mit mir scherzen zu wollen, rief sie aus.

— Durchaus nicht; aber ich sehe mich durch mein Versprechen gebunden. Wünschen Sie mir sonst noch etwas zu sagen, Tante?

— Nein, Du kannst gehen.

David verbeugte sich und eilte davon.

Die Räthin warf sich in ein Sopha und murmelte:

— Niemand, Niemand soll mich abhalten, den Verbrecher zu bestrafen.

Mehrere der Gäste, die nicht gebeten waren, die Nacht im Schlosse zuzubringen, waren schon fortgefahren und wollten am nächsten Tage wiederkommen, um dem Ball beizuwohnen, den die Neuvermählten veranstalteten. Frau Waldner und ihre Söhne gehörten zu denen, welche blieben; der Oberst hatte Frau Waldner sogar überredet, von seiner Gastfreiheit bis nach Neujahr Gebrauch zu machen.

— David war am nächsten Morgen schon frühzeitig in Bewegung und traf, als er sein Zimmer verließ, mit Dagmar zusammen, die ihm mit verstörten Mienen entgegentrat. —

— Gott sei Dank, daß ich Dich treffe, sagte sie; ich bin in großer Unruhe gewesen.

— Was hat sie hervorgerufen, meine liebe Dagmar, fragte David.

— Ein Billet, das ich heut Nacht, als ich zur Ruhe gehen wollte, in meinem Zimmer vorfand. Dagmar reichte David einen kleinen mit Bleistift beschriebenen Zettel. Mit Mühe konnte David folgende Worte entziffern:

„Benachrichtigen Sie Ihren Cousin David, daß ein Packet Briefe trotz aller Vorsicht gestern Abend

Lieutenant Broolind übergeben worden ist. Durch
diese Briefe wird Oberst Björnstam bedroht. — Ihr
Cousin ist der Einzige, welcher der Gefahr vorbeugen kann."

Mit großer Aufmerksamkeit betrachtete David die
verstellte Handschrift. — Er irrte sich nicht, als er
annahm, das Billet sei von Christoffer geschrieben;
aber weshalb schrieb er an Dagmar, da er ja Gelegenheit hatte, David mündlich von dem Geschehenen
zu unterrichten. — Die Umstände erlaubten indessen
nicht, sich mit Vermuthungen aufzuhalten; hier galt
es zu handeln. —

— Nun David, rief Dagmar aus, was meinst
Du hierzu?

— Ich meine, daß Du gar keine Ursache hast
Dich zu beunruhigen. Droht Deinem Vater wirklich
eine Gefahr, so hoffe ich sie abwenden zu können.

David und Dagmar trennten sich; die Letztere
eilte nach ihrem Zimmer.

Gegen zwölf erschien David zum Frühstück und
begrüßte die Neuvermählten.

Trotz aller Anstrengung war sein Aussehen düster; auch Dagmar bemühte sich vergebens fröhlich und munter wie sonst zu erscheinen. Im Vorübergehen fragte sie David:

— Ist irgend eine Gefahr vorhanden?

— Nein, Du kannst vollkommen ruhig sein.

Der Ball war geschlossen und der Morgen begann bereits zu grauen, als David bleich und verstört in Christoffers Gemach eintrat. Auf dem Bette lag in seinen Kleidern ein Mann und schlief.

— Erwache! rief David und schüttelte ihn. — Sjöqvist schlug die Augen auf. Als er David erkannte, sprang er vom Bett empor.

— Haben Sie die Briefe? fragte David.

Sjöqvist nahm ein Packet hervor, das er unter dem Kopfkissen verborgen hatte.

— Sind dies alle?

— Alle.

— Wie haben Sie dieselben wieder erlangt?

— Während die ganze Gesellschaft im großen Saale versammelt war, nahm ich sie aus dem Schreibtisch der Gerichtsräthin.

— War der Schreibtisch offen?

— Nein; aber er gehörte meinem früheren Herrn und ich besitze noch einen zweiten Schlüssel dazu.

David betrachtete düster und gedankenvoll das Packet in seinen Händen; er hielt es nicht der Mühe werth zu fragen, wozu dieser zweite Schlüssel wohl in früheren Tagen gedient haben mochte.

Nach langem Schweigen äußerte David:

— Sie wünschen, daß Ihr Sohn ein ehrenhafter Mann werde?

— Ja, mein Herr, das wünsche ich; und den Beweis für die Aufrichtigkeit meines Wunsches habe ich geliefert, antwortete Sjöqvist. — Hätte meines Sohnes Ehre nicht in Ihrer Hand gelegen, und hegte ich nicht die Ueberzeugung, daß nur Sie ihn zu einem tüchtigen Menschen machen können, so würden Sie mich schwerlich dazu bewogen haben, diese Briefe,

welche ich nach Uebereinkunft mit Lieutenant Broolind
der Räthin übergeben hatte, wieder zurückzunehmen.
— So! — Und doch war es erst gestern Abend,
daß Broolind Sie besuchte und Sie ihm die Briefe
übergaben und gleichzeitig Ihrem Sohne das Versprechen entlockten, mir nichts davon mitzutheilen und
das Alles, obwohl Sie Sich verpflichtet hatten, nichts
ohne mein Wissen zu thun. — Welches Beispiel von
Treulosigkeit und Unredlichkeit haben Sie wieder
Ihrem Sohne gegeben? Sie haben ihm gezeigt, wie
leicht es ist, sein Wort zu brechen. Thun Sie das
nicht wieder; ich bitte Sie darum; ich müßte er-
barmungslos mit Ihrem Sohne verfahren. — Ent-
halten Sie sich jeder Berührung mit der Räthin und
Lieutenant Broolind. Verlassen Sie diese Gegenden,
ziehen Sie weit weg von hier, damit Sie nicht in
Versuchung fallen, ferner dergleichen Streiche zu be-
gehen — dann soll Ihr Sohn meiner Treu so werden, wie Sie gewünscht haben. — Giebt es Jemand,
welcher von dem Obersten übervortheilt ist, dann soll

er entschädigt werden, aber ohne Ihre Einmischung und ohne daß ein Skandal erregt werde. — Bedenken Sie wohl, was Sie thun, und reisen Sie so schnell wie möglich.

Eine Stunde nach dieser Unterredung hatte Sjöqvist Haraldshof verlassen.

Am Morgen darnach herrschte große Aufregung im Schlosse.

Der Räthin waren einige wichtige Briefschaften gestohlen worden. Sobald der Diebstahl bemerkt worden, hatte sie sich mit dem Obersten eingeschlossen. Die Unterredung zwischen Mutter und Sohn dauerte zwei Stunden und endigte damit, daß die Räthin von Haraldshof abreiste.

Als der Oberst wieder zu seinen Gästen trat, war er ruhig und sah aus, als ob Nichts vorgefallen wäre.

Am Neujahrstage war zu Ehren der Neuvermählten große Gesellschaft auf Angsbetza.

David hatte sich schon am vorhergehenden Tage unwohl gefühlt und als die Tafel aufgehoben wurde, konnte er nur mit Mühe so viel Kräfte sammeln um den Tisch verlassen und Dagmar den Arm bieten zu können. In der Thür des Vorzimmers begann er zu taumeln und fiel bewußtlos zu Boden.

Endlos lang waren die folgenden Tage. Die arme Mutter wachte mit Verzweiflung im Herzen am Krankenbette des Sohnes. — David hatte sich erkältet und ein heftiges Nervenfieber zugezogen. Er phantasirte während der ganzen Dauer der Krankheit, aber nicht ein einziges Mal nannte er Marils Namen. — Er rief oft nach Dagmar; was er von ihr wollte, sagte er jedoch nicht. Dagmar war mehrere Tage hinter einander auf Angsberga; aber trotzdem sie an seinem Bette stand, wenn er nach ihr rief, erkannte er sie doch nicht.

Auch der Oberst und Marit kamen täglich. Die Letztere sah sehr bleich aus.

Zwanzig Tage lag David bereits krank und noch immer war keine Besserung eingetreten.

Marit und der Oberst kamen wie gewöhnlich, um sich nach seinem Befinden zu erkundigen.

Der Oberst ging in das Krankenzimmer. — David schlummerte; seine Lippen bewegten sich zuweilen. Es war unmöglich zu hören, was er sagte, aber aus der Bewegung der Lippen schien es, als ob er einen Namen flüstere.

Der Oberst verließ den Kranken wieder.

— Gewähre mir eine Bitte, Marit, sagte er; geh hinein zu David. — Marit erfüllte sofort den Wunsch ihres Gatten.

Frau Waldner wollte ihr folgen; der Oberst aber erfaßte die Hand der weinenden Mutter und sagte:

— Bleibe hier. — Laß Marit dort allein sein.

Der Oberst schloß hinter Marit die Thür ab.

Im Krankenzimmer herrschte Halbdunkel. Einen Augenblick stand Marit still und drückte die Hand an ihr Herz. Sie war so bleich, daß sie eher einer Todten als einer Lebenden glich. — Nach einigem Zögern trat sie an das Bett und sank auf ihre Knie. Beim Anblick seiner abgefallenen Züge weinte sie nicht; fast lautlos nur flüsterte Marit seinen Namen.

Eine schwache Röthe färbte Davids Wangen. Langsam öffnete er die Augen und heftete sie auf Marit.

— Marit, murmelte er und versuchte ihr die Hand zu reichen, aber er vermochte es nicht. Sie ergriff seine Hand und umschloß sie mit den Ihrigen.

— Dank, stammelte David.

Wenige Worte wechselten sie und nur kurze Zeit verweilte Marit am Krankenbette. Als sie wieder heraustrat, sah sie ruhig aus, wenn auch Thränen ihre Wangen netzten.

— David phantasirt nicht mehr, sagte sie, und wir dürfen das Beste hoffen.

Marit redete Wahrheit. Die Gefahr war vorüber. David kehrte zu Leben und Gesundheit zurück.

Er war jung und sobald das Fieber ihn verlassen hatte, machte die Besserung schnelle Fortschritte.

Christoffer war während der ganzen Krankheit außer sich gewesen und fortwährend bereit mit Frau Waldner und Georg die Sorgen der Krankenpflege zu theilen. Seine Freude, als David endlich genas, war eben so heftig als sein Schmerz in den Tagen der Hoffnungslosigkeit.

An dem Tage, wo David zum ersten Male das Krankenzimmer mit dem Salon vertauschte, war ein allgemeines Freudenfest auf Angsberga. Auch Dagmar nahm an der Freude Theil, die in Aller Augen glänzte. Sie war nicht die am wenigsten Fröhliche.

Die gewaltigen Schneemassen begannen vor der Sonne milden Strahlen zusammenzusinken.

An einem frühlingsmilden Tage im März langte David auf Haraldshof an und wurde hier von Dagmar mit unverstellter Freude empfangen. Sie wollte ihn im Triumph zu Marit führen; aber David erklärte auf das Bestimmteste, daß ihm seine Zeit das nicht erlaube; er sei nur gekommen, um mit dem Obersten zu sprechen.

Dagmar theilte ihm mit, daß sich ihr Vater in seinem Zimmer befinde und David begab sich sofort dorthin.

— Ach, bist Du da, rief der Oberst aus, als der Jüngling eintrat. Willkommen unter den Lebendigen.

— Ich will Ihnen danken, Onkel, für all die Theilnahme, die Sie meiner Mutter während meiner Krankheit bewiesen haben, sagte David, indem er sich leicht verbeugte.

— Du bleibst doch heut auf Haraldshof, nahm der Oberst wieder das Wort und kat auf dem Sopha Platz zu nehmen.

— Nein, ich fahre wieder, sobald ich mit Ihnen gesprochen habe. Ich reise morgen nach Upsala.

— Bist Du hinreichend gekräftigt, um das zu wagen?

— Der Doktor hat es erlaubt. —
— Das freut mich.
Beide schwiegen.

Aus dem Wechsel der Farbe in Davids Angesicht war leicht zu ersehen, daß es ihm schwer wurde, das Gespräch einzuleiten, weßwegen er nach Haralbshof gekommen.

Nach Verlauf einiger Minuten äußerte der Oberst:
— Du hast mir etwas Besonderes mitzutheilen.
— Ja! —
— Und dieses Etwas steht wohl in Verbindung mit dem Manne, der an meinem Hochzeitstage so sonderbar auftrat, und den Du in Deinen Verwahr nahmst? — Du hindertest ihn, einen sauberen Auftrag auszuführen. Das war Unrecht von Dir. Den Wunsch meiner Mutter, daß dieser Mensch in aller Beisein ausrufen sollte „Kain, wo ist Dein Bruder?" hättest Du in Erfüllung gehen lassen sollen. — Das hätte Gelegenheit zu einer effektvollen Scene gegeben, und meine Mutter liebt dergleichen.

— Ich glaube nicht, fiel David ein, daß er fragen sollte: "Wo ist Dein Bruder?", sondern: "Wo sind Deines Bruders Kinder?"

— Wirklich? Und warum dürfte er diese Frage nicht thun? — Siebzehn Jahre sind seit dem Tode meines Bruders vergangen. Seine Kinder müßten jetzt erwachsen und im Stande sein, für sich selber zu reden. — Das wäre indessen so recht nach der Weise meiner Mutter gewesen, mich an meinem Hochzeitstage verschwundener Kinder wegen zur Rede zu stellen, von denen man jetzt erst erfahren hat, daß sie jemals existirten. Mein Bruder starb, wie alle seine Briefschaften ausweisen, ohne daß er überhaupt verheirathet gewesen.

— Sind Sie davon überzeugt? fragte David.

— Ich habe wenigstens keinen Grund, das Gegentheil davon anzunehmen.

— Nicht! David sprang auf.

— Wenn Du glaubst, daß mein Bruder Erben hinterlassen habe, warum hindertest Du dann jenen

Menschen, von mir Rechenschaft zu fordern? fragte der Oberst stolz.

— Ich that es, weil ich Sie zu schonen wünschte.

— Du glaubtest also der Anklage?

— Damals mißtraute ich nur; jetzt habe ich Gewißheit.

— Wirklich! Des Obersten Augen flammten.

David nahm ein Packet Briefe aus der Tasche.

— Dieser Briefwechsel zwischen Ihnen, Onkel und Wilhelm Björnstam hat mich über das Verhältniß aufgeklärt.

— Ah, die Briefe, von denen meine Mutter glaubte, daß ich sie entwendet habe, rief der Oberst aus.

— Ja, dieselben. Sie sind jetzt in meinen Händen und werden in wenigen Augenblicken in den Ihrigen sein.

Der Oberst stützte sich gegen die Sessellehne.

— Durch welche teuflische Ränke kamen diese Briefe erst in meiner Mutter, dann in Deinen Besitz? fragte der Oberst.

— Wilhelm Björnstam's Kammerdiener war das Werkzeug. Bei dem Tode seines Herrn bemächtigte sich Sjöqvist dieser Briefe und er sorgte dafür, daß sie erst in die Gewalt Ihrer Mutter und dann in meine gelangten. — Ich habe sie gelesen. Ich hielt mich für berechtigt dazu, um darüber Sicherheit zu erhalten, wie weit Sjöqvist's Angaben wahr oder falsch sind.

— Es war also die Absicht meiner Mutter mit Hilfe dieser Schriften ein gerichtliches Verfahren oder dergleichen gegen mich einzuleiten!?

Der Oberst machte einen Gang durch das Zimmer und blieb darnach vor David stehen.

— Und Du willst sie mir übergeben?

— Ja.

— Nun wohl, wenn sie in meinen Händen sind, werde ich sie vernichten; so werden die von mir Bestohlenen aller Aussicht beraubt, je zu erhalten, was ihnen gebührt und ich bleibe im Besitze des unrechtmäßig erworbenen Eigenthums.

— Sie mögen bedenken, Onkel, daß ich die Briefe noch habe. Die Bedingung, unter welcher ich sie ausliefere, habe ich noch nicht mitgetheilt.

— Du stellst also Bedingungen. Nun, wie lauten sie?

— Durch diese Briefe erfährt man, daß Wilhelm Björnstam in England vermählt gewesen ist und daß er daselbst Frau und Kinder hinterlassen hat, von welchen Umständen bisher nur sein Bruder und sein Kammerdiener Kenntniß hatten. — Sjöqvist erhielt beim Tode seines Herrn von Ihnen seinen Abschied und eine bedeutende Summe an Geld. Siebzehn Jahre lang hat er verschwiegen, was er wußte. — Man darf indessen nie auf ein erkauftes Schweigen bauen. — Als die Zeit kam, verkaufte Sjöqvist das Geheimniß an die Räthin, die durchaus keine Lust hat, es länger begraben sein zu lassen. Sie wollte ihren eigenen Namen nicht schonen, sondern durch die Gerichte ihren Sohn zwingen, den rechtmäßigen Eigenthümern, den Kindern Wilhelms das zu überliefern, was ihnen gebührt. So war Tante Björnstams Ansicht, aber so war nicht die Meine. — Man kann auf verschiedenen Wegen zu demselben Ziel gelangen. Sjöqvist mußte mir also die Briefe von denen zurückschaffen, die durch einen öffentlichen Skandal den Waisen Wilhelm Björnstams zu ihrem Rechte verhelfen wollten. — Ich meine, daß man dies auch ohne Aufsehen zu erregen kann.

— Und wie sollte das geschehen? fragte der Oberst.

— Ganz einfach dadurch, daß Sie Ihre Pflicht erfüllen.

— Gut; und diese Pflicht besteht darin, daß ich mein Vermögen aufgebe. — Dies, mein lieber David, werde ich nicht thun. Behalte Du Deine Briefe; ich mag sie nicht. Mir können sie nicht schaden, wie Du erfahren wirst, wenn Dich nach dieser Erfahrung gelüstet.

Der Oberst öffnete ein Fach und nahm einige Papiere heraus.

— Ehe ich Dir diese Papiere übergebe, will ich Dir in der Kürze mittheilen, auf welche Weise die Familie Björnstam in den Besitz von Haralbshof gelangt ist. Du weißt vermuthlich, daß dies Gut in älterer Zeit dem berühmten **schen Geschlechte zugehörte. Später fiel es an die Familie Brandstorm. Der letzte männliche Besitzer dieses Namens war Regierungsrath und er hinterließ Haralbshof gemäß der Fideikommiß-Urkunde, nach welcher das Schloß an die weiblichen Erben der ältesten Linie übergehen mußte, falls sich keine männlichen Nachkommen vorfanden, bei seinem Tode seiner einzigen Tochter Ingeberg. Obwohl sie sich im Besitz eines bedeutenden Vermögens und nicht gewöhnlicher Schönheit befand, blieb sie doch unvermählt. — Ingeborg und mein Vater waren zusammen aufgewachsen und man behauptet, daß Ingeborg's unerwiderte Liebe zu dem Jugendfreunde, mitverursacht habe, daß sie späterhin nicht in den ehelichen Stand eingetreten ist. — Weßhalb mein Vater ihre Neigung nicht theilte, darüber glaube ich kaum Dir sichere Auskunft geben zu können und überdies scheint mir dies nicht hierher zu gehören. — Genug, als mein Vater starb, übernahm Ingeberg Brandstorm meine Erziehung. Getrennt von meiner Mutter wuchs ich auf Haraldshof auf, welcher Umstand eben nicht geeignet war, ihre schon früher sehr geringe Liebe für mich zu mehren. — Bei Ingebergs Tode fiel Haraldshof an meinen Bruder Wilhelm, als den zunächst Berechtigten. Er starb und das Schloß wurde mein Eigenthum. Meine Mutter konnte unmöglich den Gedanken ertragen, daß meines Bruders Hinscheiden mir einen so bedeutenden Vortheil bringen sollte; anders wenigstens vermag ich mir nicht zu erklären, daß sie auf den Verdacht kommen konnte, ich hätte irgend welchen Antheil an meines Bruders Tode. Aus meinem Gedächtniß wird es nie ausgelöscht werden, daß sie es war, welche derartige Untersuchungen bei Wilhelms Tode verursachte, daß ich von ihr gleichsam als sein Mörder bezeichnet wurde. Der Fleck, den es damals gelang auf meine

Ehre zu setzen, ist noch nicht wieder fortgewischt werden. — Damit nicht zufrieden, beginnt sie nun nach siebzehn Jahren mit neuen Geschichten, um sich gleichsam deswegen an mir zu rächen, daß ich meinen Bruder Wilhelm überlebte und beerbte. — Mag sie meinetwegen eine ganze Familie herbeischaffen und behaupten, sie sei die Erbin meines Bruders, ich bezweifle doch, daß es ihr gelingen wird, das Dasein eines männlichen Erben zu beweisen, der mir mein Recht streitig machen könnte. Daß mein Zweifel begründet ist, machst Du hieraus ersehen.

Der Oberst übergab David einen Zettel. David sah ihn. — Der junge Mann wurde bleich, und äußerte:

— Hieraus scheint doch hervorzugehen, daß Wilhelm Björnstam eine Tochter hinterlassen hat; sollte diese nicht berechtigt sein, einen bestimmten Antheil zu erhalten?

— Ja, wenn sie in gültiger Ehe gezeugt wäre, antwortete der Oberst; das aber ist noch nicht bewiesen. — Hier spricht mein Bruder nur von seinem kleinen Mädchen. Der Brief ist, wie Du aus der Datirung ersiehst, am Tage vor seinem Tode geschrieben und an eine Miß Dowson gerichtet, deren Obhut das Kind übergeben war.

— Erlauben Sie eine Frage, fiel David ein; ist Wilhelm Björnstam wirklich verheirathet gewesen oder nicht?

— Laß uns annehmen, daß er verheirathet war, aber unter solchen Verhältnissen, daß die Trauung nicht bewiesen werden kann, entgegnete der Oberst. —

— Dann giebt es eine moralische Pflicht, die . . .

— Ich nicht erfüllt habe, willst Du sagen.

Der Oberst überreichte David noch einen Brief.

— Laß dies unbehagliche Gespräch nun zu Ende sein. — Du magst indessen von dem Inhalte dieses Briefes Kenntniß nehmen und hernach steht es Dir frei, zu thun und zu lassen, wie Dir gefällt.

Der Oberst verließ das Kabinet und stellte sich vor den Kamin des Nebenzimmers. — Ein helles

Feuer flammte darin und warf einen röthlichen Schein auf sein finsteres Angesicht.

Nach mehreren Minuten trat auch David heraus. Er gab dem Obersten den Brief zurück und sagte:

— Sie haben mir erlaubt, Onkel, mit Wilhelm Björnstam's Briefen zu thun, was ich will.

— Ja wohl, war des Obersten Antwort.

Er hatte kaum das Wort ausgesprochen, als das Packet auch schon mitten in den Flammen lag. Bald waren die vergilbten Papiere verzehrt. — Als nur noch die Asche übrig war, sagte David:

— Und nun will ich Ihnen Adieu sagen, Onkel. Unsere Rechnungen werden ziemlich ausgeglichen sein. Sie sind bereit gewesen, meiner Mutter beizustehen, meinem Bruder und auch mir zu helfen. Ich habe einen Skandal abgewendet, der Fehler und Schwächen eines längst Verstorbenen aufgedeckt haben würde. Wir sind also quitt in Bezug auf Dienst und Gegen=dienst. — Nur nach einer Richtung hin verbleiben Sie mein Schuldner. Da kann unsere Rechnung nicht ausgeglichen werden; denn wie sollten Sie mir wiedererstatten können, was ich verloren habe. Was mich mit meinem Schicksal versöhnen könnte, ist, wenn ich einstmals erführe, daß Sie, Onkel, für Marits Glück besser sorgten, als für das von Dagmars Mutter. — Jahre werden vergehen, ehe unsre Wege wieder zusammentreffen. Möge Gott mit Ihnen sein! —

Nach diesen Worten entfernte sich David.

Der Oberst blieb und starrte in die Flammen. Der stolze Ausdruck seines Gesichtes war verschwunden, tiefer Schmerz lag in seinen Zügen. —

— Für Marits Glück besser sorgen, als für das von Dagmars Mutter! murmelte er. Ein tiefer Seufzer entrang sich seiner Brust.

— Lieber Vater, laß die Todten in Ruh! rief eine schmeichelnde Stimme dicht bei ihm, und eine zarte Hand streichelte seine Wangen.

— Bist Du da? Wer hat Dich hierher gerufen?

— Mein Herz! antwortete Dagmar, die sich durch seine strenge Stimme nicht zurückschrecken ließ. Weißt Du, was es sagte? Dagmar blickte zum Vater auf.

Der Oberst gab keine Antwort, sondern wandte sich von ihr.

— Ja, es rief: Geh' zu Deinem Vater. Er ist nicht froh. Ich sah es an David, als er von ihm kam. Er bedarf Deiner Gesellschaft und Du darfst nicht verdrießlich werden, auch wenn er streng aussieht. Ich befolgte gleich, was das Herz befahl, und nun bin ich hier. Du kannst mich nicht fortweisen. — Wieder streichelte die kleine Hand des Vaters Kinn. Der Oberst wandte sich nicht mehr weg. Seine Stirn glänzte; er blickte liebevoll auf sein Kind und lächelte ihm traurig zu.

— So darfst Du nicht lächeln! rief Dagmar aus. Sie schlang die Arme um des Vaters Hals. — Du könntest mich zum Weinen bringen, und da würde ich noch häßlicher, als ich schön bin. Du meinst doch, daß ich recht häßlich bin? — Nicht wahr?

— Ja, mein Kind, Du bist wirklich recht häßlich, sagte der Oberst; aber er lächelte bei diesen Worten in einer Weise, die wohl vermuthen ließ, daß seine Worte mit seiner Meinung nicht übereinstimmten.

Und Dagmar war in der That nicht häßlich, sondern in diesem Augenblicke eher schön.

— Nun bist Du wieder gut! rief Dagmar aus, und drückte ihre Lippen auf des Vaters Wangen. Zur Belohnung sollst Du mir nun auch zu Marit folgen.

Der Vater schien nicht recht aufgelegt dazu, aber es half Nichts. Es kam Niemand leicht von Dagmar los, wenn sie Etwas beschlossen hatte. So gingen sie mitsammen zu Marit.

———

Gegen Ende des Frühlings trat der Oberst mit Frau und Tochter eine Reise in's Ausland an. Er wollte nach dem Rhein und nach der Schweiz. —

Während ihres Aufenthaltes im Auslande schrieb Dagmar lange, lange Briefe an Georg. Alles, was sie sah und erfuhr, mußte sie ihm schildern. Georg war der sechszehnjährigen Jungfrau das, was eine geliebte Schulfreundin anderen Mädchen zu sein pflegt. Ueber Alles, was sie dachte und fühlte, mußte sie ihm Mittheilung machen, und der zwanzigjährige Jüngling bezahlte diese Vertraulichkeiten mit derselben Münze. — In seinen Briefen lag vielleicht etwas mehr herzliche Wärme, aber im Ganzen war ihr Briefwechsel derartig, daß ein Unbekannter, welcher ihn gelesen hätte, geglaubt haben würde, er gehöre zwei einander theuren Geschwistern an.

Nach sechs Monaten kehrte der Oberst und seine Familie nach Haraldshof zurück. — Es war seine Absicht gewesen, den Winter in Stockholm zuzubringen, aber bei diesem Verschlage traf er auf hartnäckigen Widerstand, nicht nur von Dagmars, sondern auf noch größeren von Marits Seite. — Beide sehnten sich nach Haraldshof und erklärten, sich nicht glücklich fühlen zu können, wenn sie gezwungen würden, den ganzen Winter in der Hauptstadt zu bleiben. Dagmar meinte, sie sei zwei Mal in ihrem Leben recht unglücklich gewesen: das eine Mal, als sie die Großmutter in Schonen besuchte, und das zweite Mal, als sie sieben Monate in Stockholm zubrachte.

— Aber, meine liebe Dagmar, wandte der Oberst ein, für Dich würde ein Winter in Stockholm sehr nutzbringend sein. Du hast noch viel zu lernen, um Dir all' die Fertigkeiten anzueignen, die im gesellschaftlichen Leben nothwendig sind.

— Was Du auch sagen magst, hatte Dagmar dagegen ausgerufen, ich bin jetzt sechs Monate im Auslande gewesen und dürfte mir nun wohl ein erträgliches Benehmen angeeignet haben. Was aber die Fertigkeiten anbetrifft, so verschreiben wir Lehrer aus der Hauptstadt, wenn Du es für durchaus nöthig erachtest.

— Du glaubst also, daß ich mit Dir ganz gut in den Salons auftreten könnte, ohne gegen die Gesetze der Gesellschaft zu verstoßen?

— Ja, in den Salons von Haraldshof, wenn auch nicht in denen der Hauptstadt. — Du bist daran Schuld, lieber Vater, daß mir das Stadtleben nie gefallen wird. Du hast mich wie einen wilden Vogel aufwachsen lassen, der nun einmal im Käfig nicht leben kann, selbst wenn er so groß wäre, wie Schwedens erste Stadt.

— Du wirst Dich eines Tages verheirathen, und vielleicht an einen Mann, der dort seinen Aufenthalt hat, wandte der Oberst ein.

— Das wolle Gott verhüten! deklamirte Dagmar. Aber für's Erste ist es ziemlich ungewiß, ob ich jemals heirathe, für's Zweite nehme ich nie einen Städter, und zum Dritten will ich auf Haraldshof leben und sterben.

Auf Falknes herrschte große Rührigkeit. Theresia hatte für den Winter eingeschlachtet und stand nun tobend und brummend unter ihren Dienstmädchen im Wirthschaftshause.

Es war echtes Oktoberwetter und regnete; aber trotz Regen und Wind fuhr eine Chaise auf den Hof, und Theresias Aufmerksamkeit wandte sich von Speck und Pökelfleisch den Reisenden zu. Sie eilte an das Fenster, um das Gefährt und seinen Inhalt in Augenschein zu nehmen. Das Erstere war ein bedeckter Reisewagen, und Theresia erkannte sehr bald, daß er nicht irgend Jemand aus dem Kirchspiel angehörte überdies saß ein Postbauer neben einem in Livree gekleideten Kutscher. Eine Dame stieg aus dem Wagen, aber das stürmische Wetter und ein Schleier hinderten Theresia, ihre Gesichtszüge zu erkennen. — Daß sie alt sei, konnte man wohl aus ihren Bewegungen merken. — Theresia mußte indessen wissen, wer sie sei, deßhalb wurde die Magd hinausgeschickt, um Erkundigung einzuziehen. Sie kam mit der Nachricht zurück, die Reisende sei die Gerichtsräthin Björnstam.

Wir überlassen es Theresia, darüber zu grübeln, was wohl die Räthin ihrem Bruder Johann zu sagen haben möchte, und beeilen uns inzwischen, zu hören, was zwischen der alten Dame und dem Polizei-Verwalter verhandelt wurde.

Die ersten Höflichkeitsbezeugungen waren ausgetauscht, die Gerichtsräthin hatte ihren Mantel abgelegt und in Rings bequemem Lehnstuhl Platz genommen.

— Die Ursache meines Besuchs ist mein verstorbener Sohn. Sie sind es gewesen, dem ich die Nachforschungen über die Vorfälle bei seinem Tode übertrug. Sie waren es auch, dem ich meinen traurigen Verdacht damals mittheilte.

Ring verbeugte sich; die Räthin fuhr fort:

— Ich bin nun zu Ihnen gekommen, um Rath und vielleicht einige Aufklärungen zu erlangen. Die Sache ist einfach die, daß ich während meines Besuches auf Haraldshof zu Weihnachten vorigen Jahres in den Besitz eines Briefwechsels gelangte, wodurch klar dargelegt wurde, daß mein verstorbener Sohn Wilhelm in England Frau und Kinder hinterlassen hat. — Meine Absicht war damals, einen Prozeß gegen den Obersten einzuleiten; eines schönen Tages aber waren die Briefe aus meinem Schreibtische verschwunden. Der Dieb konnte kein Anderer sein, als Derjenige, welcher den Prozeß zu fürchten hatte. Er hatte auch Wilhelms früheren Kammerdiener, den wir als Zeugen in dieser Sache vorführen wollten, bei Seite gebracht. Ich sagte meinem Sohne alles dies, ohne den geringsten Rückhalt, und verließ darnach Haraldshof, fest entschlossen, nicht eher zu ruhen, als bis ich die Kinder aufgefunden haben würde. Meine Bemühungen und die meines Enkels Broerlind gingen zuvörderst darauf hinaus, Sjöqvist, der, wie Sie wissen, Wilhelms Kammerdiener war, wiederzuentdecken; das aber wollte nicht gelingen. Er war und blieb verschwunden.

— Vielleicht waren die Briefe gefälscht!

— O nein, sie waren von der Hand meines jüngeren Sohnes geschrieben und an Wilhelm gerichtet. Als alle meine Bemühungen in Betreff Sjöqvists fruchtlos blieben, unternahm ich eine Reise nach England. In London, wo sich mein älterer Sohn während seines langen Aufenthaltes im Auslande vorzugsweise befunden hatte, besuchte ich die Familien, mit denen er in Verkehr gestanden; aber sie wußten nichts von seiner Verheirathung. Endlich theilte mir Jemand, der mit meinem Sohne durch die innigste Freundschaft verbunden gewesen, mit, daß er allerdings mit einer Dame in Verbindung gestanden habe, über die Art dieser Verbindung konnte er uns aber keine Aufklärung geben. Er wußte nicht einmal, wo sich die Dame augenblicklich aufhielt. Als der Oberst kurz nach des Bruders Tode in England angekommen war, hatte Mr. Scott sich ihm behülflich gezeigt, und namentlich veranstaltet, daß jene Dame eine Leibrente, welche ihr der Oberst aussetzte, jährlich von einem Londoner Banquier erheben könnte.

Mein Sohn verließ England bald darauf. Mr. Scott hatte es übernommen, sich um die erwähnte Dame und ihr Kind zu kümmern; als er jedoch eines Tages ihre Wohnung in der Nähe Londons besuchen wollte, waren sie verschwunden und, wie man sagte, nach einer der kleineren Städte Englands gezogen. Der Name dieser Stadt war Mr. Scott unbekannt, aber er führte mich zu dem Banquier, welcher die Leibrente auszahlte. Der Banquier gab mir den Aufenthaltsort an und ich verließ London, um Miß Dowson aufzusuchen. Ich fand sie auch. Die Dame war einige und fünfzig Jahre alt, von stolzem Aeußeren. Miß Dowson gab ohne Zögern zu, daß sie meinen älteren Sohn gekannt habe und daß sie von dem Obersten eine Leibrente beziehe, aber bei der geringsten Andeutung, daß sie in irgend einem intimeren Verhältniß zu Wilhelm gestanden haben sollte, gerieth sie in Zorn. — Ich mußte England verlassen, ohne von ihr irgend eine Aufklärung über das Vergangene zu erlangen, ja, ohne auch nur erfahren zu können, aus welchem Grunde der Oberst sie mit Geld unterstützte. Alles was ich that, um auf sie einzuwirken, blieb ohne Erfolg, und ich kam nach Schweden zurück, ohne eine Spur von Wilhelms Kindern entdeckt zu haben.

— Sind sie todt, wie der Vater, und sind sie etwa auf ebenso unnatürliche Weise um's Leben gekommen, wie jener?

Die Räthin war keine weichherzige Frau und nicht leicht zu rühren, aber sie drückte ihr Taschentuch an die Augen und weinte heftig. Ring fühlte sich sehr unbehaglich und sagte schließlich:

— Es ist mir unmöglich, an eine heimliche Vermählung Wilhelm Björnstams zu glauben. — Wir leben nicht in Romanen, sondern in der Wirklichkeit. Man vermählt sich heutzutage nicht mehr heimlich, und was sollte Ihren Sohn dazu bewogen haben? Ich für meinen Theil bin der Ansicht, daß man Ihre Gnaden betrog, als man Ihnen sagte, der Verstorbene habe Frau und Kind hinterlassen.

— Man hat mich in diesem Falle nicht betrogen! rief die alte Dame; ich habe ja die Briefe in meinen eigenen Händen gehabt. Nein, Herr Kommissar, man hat mich achtzehn Jahre lang betrogen, indem man mir das Dasein dieser Kinder verheimlichte, und mein Sohn betrügt mich bis zu diesem Augenblicke. — Glauben Sie, ich könnte Mauritz jemals alle seine Niederträchtigkeiten vergessen? — Nein, ich will und werde ihn strafen!

— Ich meine, daß Sie, Frau Räthin, erst vollkommene Gewißheit haben müssen, ehe Sie Oberst Björnstam so schwerer Verbrechen anklagen, wie Sie jetzt thun.

— Die habe ich auch. Als ich ihn nach der Entdeckung des Briefdiebstahls aufforderte, mir Alles zu sagen, was des Bruders Ehe beträfe, leugnete er nicht, daß der Bruder vermählt gewesen sei; er bat mich vielmehr, Alles aufzubieten, um die Wahrheit dieser Thatsache zu beweisen. Er verließ mich mit den Worten: „Reisen Sie durch ganz England, durchsuchen Sie jedes Haus, und Sie werden dennoch kein Weib finden, das Ihres Sohnes Gattin gewesen ist, und kein Kind, welches ihm das Leben zu verdanken hätte!"

Die Räthin schwieg.

— Ich habe selbst die größten Vorurtheile gegen den Obersten gehegt, äußerte der Kommissar weiter, und habe, in Folge Ihrer Angaben, ihn im Verdacht der Mitschuld an des Bruders Tode gehabt, ja selbst geglaubt, daß er das traurige Ende seiner Gattin verschulde; aber . . . .

— Seine Gattin! fiel die Räthin ein. Sie hatte ich vergessen. — Auch sie war eine Engländerin

— Ich habe sie nie gesehen; ich konnte in jener Zeit unmöglich mit meinem Sohne zusammentreffen. Ich werde es nie vergessen, wie sehr es mich erbitterte, als ich hörte, daß er sich verheirathet habe, — kaum drei Monate nach des Bruders Tode.

— Die Frau des Obersten Björnstam war nicht aus England, sondern eine Französin! äußerte Ring.

— Aber er verheirathete sich mit ihr in England und schrieb mir von dort, daß er ein Weib gefunden habe, dem er gern seine Freiheit opfere.

— Sie erinnern sich wohl noch ihres Familiennamens? fragte Ring.

— Nein; ich war so erzürnt über seine Kühnheit, mir dies zu schreiben, daß ich den Brief sofort in's Feuer warf. — Ich mochte auch die Frau nicht sehen, die mit ihm den Raub meines verstorbenen Sohnes theilte. Erst als seine Tochter elf Jahre alt geworden, gelang es Mauritz, eine Art Versöhnung zwischen uns herbeizuführen.

— In diesem Falle will ich Ihnen mittheilen, daß die verstorbene Frau des Obersten eine geborene Marquise d'Aveyron gewesen ist.

— Und der Oberst war ja so häßlich gegen sie, daß sie gemüthskrank wurde und sich das Leben nahm. — Ah, Herr Kommissar, er soll sein Vergehen schwer büßen. Sie, als ein erfahrener Mann, sollen mir Ihren Rath ertheilen, in welcher Weise ich ihn zu

Bekenntnissen über das Schicksal meiner Enkel zwingen kann. — Sie müssen ihn ja hassen; hat er nicht Ihre Nichte von Ihnen genommen, um sie zu Tode zu quälen, wie er seine erste Frau zu Tode gequält hat?

— Frau Räthin, ich hasse den Obersten nicht. Ich glaube vielmehr, daß er von mir und Ihnen und vielen Anderen schwer verkannt worden ist. Daß er Marit ein treuer und guter Gatte sein wird, davon bin ich fest überzeugt. — Wäre der Oberst der Verbrechen schuldig, deren Sie, seine Mutter, ihn anklagen, dann sollte er auch ohne Ihre Dazwischenkunft nicht unbestraft bleiben; aber ich halte dies für höchst unwahrscheinlich.

Die Räthin warf einen forschenden Blick auf Ring.

— Ihre Nichte, sagte sie, hat einen reichen Mann geheirathet, und der Reichthum scheint Ihre Augen geblendet zu haben. Deshalb denken Sie jetzt anders über den Obersten, als früher!

— Wenn ich, als der Oberst um Marit freite,

noch ebenso über ihn gedacht hätte, wie sonst, dann ist es sehr unwahrscheinlich, daß Marit je seine Frau geworden wäre; doch das gehört nicht hierher. — Alles, was ich Ihnen rathen kann, ist, sich nicht zu übereilen und vorsichtig zu Werke zu gehen.

Die Räthin erhob sich.

— Ich kam her, in der Hoffnung, daß Ihr Rechtlichkeitsgefühl Sie bewegen würde, mir zu helfen, und ich gehe, dieser Hoffnung beraubt, von Ihnen. — An wen soll ich mich wenden, um den Schlüssel zu dem Räthsel zu erhalten, um zu verhindern, daß meine Enkel Mangel leiden, und zu bewirken, daß ihnen ihr Recht zu Theil werde. Vielleicht müssen sie im Elende verkommen, während ihr Onkel im Ueberflusse schwelgt!

— Haben Sie nie mit Frau Tharèn gesprochen? fragte Ring, der durch die Betrübniß der Räthin gerührt wurde. Sie ist die Einzige, die, außer dem Obersten, das Vergangene kennt.

— Frau Tharèn! wiederholte die Räthin. Sie

haben Recht, und Dank für diesen Rath. Sie reichte
Ring die Hand. Meine Reise zu Ihnen ist doch
nicht vollständig vergeblich gewesen. —

Einige Augenblicke später sah Theresia den Wagen
wieder davon fahren.

―――――

An einem trüben Herbstabend kam der Oberst
nebst Familie nach seiner Reise in's Ausland auf
Haraldshof an. Frau Tharèn bewillkommnete die
Zurückkehrenden. — Beim ersten Erblicken der treuen
Dienerin bemerkte der Oberst, daß etwas Unangeneh=
mes vorgefallen sein müsse. Er reichte Frau Tharèn
die Hand und fragte:

— Was ist geschehen?

— Die Gerichtsräthin ist gestern angekommen, und ..

— Ist hier! unterbrach der Oberst mit gerun=
zelter Stirn. Sie sind wohl so freundlich gewesen,
dafür zu sorgen, daß meiner Mutter die Zimmer
überwiesen sind, welche sie gewünscht hat.

— Die Räthin war durch die Reise angegriffen

und wünschte mein Schlafzimmer zu erhalten, weil sie meinte, daß es dort am wärmsten sei, entgegnete Frau Tharèn.

— Und Sie haben ihr Wilhelms Gemächer nun geheizt, so daß sie dieselben morgen beziehen kann?

— Nein; das Unwohlsein der Räthin hat bedeutend zugenommen; sie ist ernstlich krank. Der Doktor ist hier gewesen und hat ihren Zustand bedenklich gefunden.

— Meine Mutter — ernstlich krank, sagte der Oberst. Es war, als ob es ihm schwer würde, diesen Gedanken zu fassen. Er konnte sich nicht erinnern, daß sie jemals krank gewesen war.

Der Oberst warf den Reisepelz von sich und folgte Frau Tharèn zu der Kranken.

Drei Wochen lang kämpften Tod und Leben um die beinahe siebenzigjährige Frau. Sie hatte ihrem sonst so starken Körper zu viel geboten, indem sie die Zeit vom Mai bis Oktober auf Reisen zubrachte und sich, ohne Rücksicht auf Jahreszeit und Witterung, allen möglichen Anstrengungen unterwarf, um Licht in das Dunkel zu bringen, welches die Familienverhältnisse ihres verstorbenen Sohnes umgab. In ihrem Alter verschwendet man nicht ungestraft seine Kräfte. Die schwere Erkältung, welche sich die Räthin zugezogen hatte, sollte mit dem Tode enden.

Sie wurde von ihrem Sohne auf das Sorgfältigste gepflegt. Die beiden letzten Tage ihres Lebens war sie fast ununterbrochen mit ihm allein. Sie schloß ihr Leben, indem sie des Himmels besten Segen auf Den herniederflehte, den sie vorher fast verflucht und indem sie innig um Verzeihung bat für all das Unrecht, das sie ihm zugefügt hatte.

Zu nicht geringem Erstaunen aller derer, welche die Verhältnisse kannten, trauerte der Oberst tief um seine Mutter. Das Begräbniß war dem Stande der Verstorbenen und des Obersten angemessen. Die Räthin Björnstam wurde in dieselbe Grube gesenkt, in welcher ihr Sohn Wilhelm bereits schlummerte.

Zweiter Theil.

Fünf Jahre sind verflossen.

Angsberga stand umgeben von der ganzen Pracht des Sommers. Die Vögel sangen und die Wiesen prangten im üppigsten Grün.

Auf der Veranda saßen ein Paar junge Männer und sprachen mit einander.

Der Eine hatte ein bleiches Aussehen und seine hohe Stirn überschattete eine leichte Wolke von Schwermuth. Dies war der Doktor der Medizin David Waldner. Der Andere war sein Bruder Georg, jetzt Bergingenieur.

— Wie sich Alles verändert hat, seitdem wir nicht hier gewesen sind, äußerte David, und schaute nach den Thurmspitzen von Haraldshof, welche die Wipfel des Waldes überragten.

— Man hat ja das alte Schloß auch ausgebessert, fügte er nach einer Weile hinzu.

— Ja, seitdem der Besitzer nicht dort wohnt, entgegnete Georg, ist das ganze Gebäude gründlich restaurirt, und wenn der Oberst einmal stirbt, dann wird Broclind, sein rechtmäßiger Erbe, Alles in vorzüglichem Zustande übernehmen.

— Rechtmäßiger Erbe! wiederholte David mit bitterm Lächeln. Du sowohl wie Mutter haben mir darüber geschrieben; aber ich habe bis jetzt noch immer keinen klaren Begriff davon, wie man im Stande sein kann, Dagmar das Recht auf das Fideikommiß abzusprechen. Es würde mir lieb sein, ein klares Bild über die Verhältnisse zu erhalten. Du bist Disponent in den Werken, und in den Jahren, wo ich mich im Auslande aufgehalten habe, in steter Berührung mit der Familie Björnstam geblieben. Du mußt daher von Allem, was sich zugetragen hat, Kenntniß haben.

— Was ich weiß, will ich Dir mittheilen, sagte Georg; aber ich fürchte, daß Dir die Sache trotzdem nicht klarer werden wird, als sie jetzt ist. Es giebt da ein undurchdringliches Geheimniß und der Oberst allein kennt es, obwohl er es Niemand mittheilen will. Ich habe ihn gelegentlich, wenn er sich allein glaubte, vor sich hin sprechen hören: „Ein einziges Stückchen Papier, und Dagmars Recht wäre unzweifelhaft."

— Was mag das für ein Papier sein? fragte David.

— Das habe ich nicht errathen können.

— Dann weiter zu dem, was vorgefallen ist.

— Wie Du weißt, fuhr Georg fort, hat Broolind immer etwas gehabt, worüber er sich den Kopf zerbrach. Man braucht nicht besonders scharfsinnig zu sein, um zu merken, daß er förmlich nach Geheimnissen jagte; zuletzt mußte er wohl etwas entdeckt haben, was ihm irgend welchen Vortheil bringen konnte. Anfänglich waren es Onkel Wilhelms Frau und Kinder, die ihm viel Kopfzerbrechen verursachten. Damals aber gelang es ihm nicht, durch die bloße

Kraft seines Willens Personen hervorzuzaubern, von denen Niemand, außer ihm, eine Ahnung hatte. Doch „jede Mühe lohnt." Durch seine Nachforschungen, bei denen er nicht einmal Kirchenbücher und dergleichen verschonte, ist er dahinter gekommen, daß Dagmar nicht in Schweden getauft ist. Dieser Umstand und manche andere Sonderbarkeiten aus ihren ersten Lebensjahren, in denen sie vor aller Welt verborgen blieb und nur mit Frau Tharèn und der englischen Amme, die später wieder in ihre Heimath zurückgesandt wurde, in Berührung kam, mußten den schlauen Broolind auf den Gedanken bringen, daß das Mädchen früher, als angegeben worden, geboren sei. Nun war er ganz in seinem Elemente. Eines Tages machte er denn auch die freudige Entdeckung — wie ich glaube vermittelst klingenden Dankes gegen Sjöqvist, der gewiß auch hier wieder seine Finger mit im Spiele hatte — daß Dagmar sechs Wochen vor der Verheirathung des Obersten mit ihrer Mutter geboren und somit nach dem Wortlaute der Fideikommiß-

Urkunde ihres Rechtes an die Güter der Familie verlustig sei, die dann nach des Obersten Tode, falls seine jetzige Ehe kinderlos bleibt, an Broolind übergehen müssen.

Broolind machte durchaus kein Geheimniß aus den Ansprüchen auf Haraldshof, mit denen er nach Onkel Björnstams Tode aufzutreten gedächte. Genug, der Oberst hörte bald genug davon, und eines schönen Tages erzählte man uns, daß Onkel nach dem kleinen Gute Eriksdal gezogen sei, welches er zu Maritö Wittwensitz bestimmt hatte.

Dort führt er das einsame Leben eines einfachen Gutsbesitzers. Ueber die Werke von Haraldshof bin ich, wie Du weißt, als Verwalter bestellt, und die Ländereien sind — an Broolind verpachtet, der jetzt Dagmars Flügel bewohnt. Ueber den übrigen Theil des Schlosses hat er nicht zu verfügen.

— Aber weshalb verpachtete Onkel die Herrschaft an Broolind? fiel David ein.

— Die Frage kann nur er allein beantworten.

Er bot Broolind die Pacht an, und da dies Erbieten für den Lieutenant sehr vortheilhaft sein mußte, ging dieser darauf ein. Als der Kontrakt unterschrieben wurde, äußerte der Oberst gegen seinen Neffen: „Du magst nun selbst die Erde bebauen, die Du nach meinem Tode zu erhalten hoffst. Sie kann nicht gut besseren Händen anvertraut werden, als denen — des künftigen Besitzers."

David versank in Gedanken und Georg blickte ernsthaft darein.

— Bist Du oft mit Broolind zusammen? fragte David nach einiger Zeit.

— Nein, ich weiche ihm aus und bin noch nicht über seine Schwelle getreten.

— Und warum?

— Broolind hat sich wenig ehrenhaft betragen.

— Er hat ja nur sein Recht gewahrt.

— So scheint es in der That, und trotzdem bin ich vollkommen überzeugt, daß es nicht so ist. Würdest Du so handeln können, wie Broolind gehandelt hat?

— Ich bin ein schlechter Oekonom; von mir darfst Du nicht reden, antwortete David. Aber wie hat Dagmar den Schlag ertragen, daß sie nun nicht in den Besitz von Haraldshof gelangt?

— Sie ist immer dieselbe. Sie scheint vergessen zu haben, daß Eriksdal nicht Haraldshof ist; aber wenn man Broclinds Namen nennt, wird sie glühend roth. Sie spricht indessen niemals über ihn.

— Und Marit?

— Mit ihr ist eine große Veränderung vorgegangen. Im Anfang ihrer Ehe war sie ein rechtes Weltkind und fand ihre Freude an schönen Kleidern und allerlei Lustbarkeiten. Jetzt dagegen ist sie die thätige und frohsinnige Hausfrau eines anspruchslosen Landmannes. Sie schwärmt nicht mehr für prächtige Zimmer und Equipagen oder großartige Feste, sondern hat ihre Freude an „einem geordneten Hauswesen" und an nützlicher Beschäftigung. — Der Oberst wollte nach seinem Umzug nach Eriksdal allerdings nichts davon wissen, daß sich Marit mit den Ha haltungsgeschäften und dergleichen befasse. Sein Einkommen war ja unverändert und Einschränkung überflüssig. Marit aber erklärte, daß sie in dieser Beziehung allein zu bestimmen habe. Sie hatte sehr richtig erkannt, daß ihr Mann im Stillen bestrebt sei, für Dagmar, welche nun keine Aussicht hatte, in den Besitz von Haraldshof zu kommen, die Einkünfte dieser Herrschaft zu ersparen, so daß sie nach seinem Tode trotzdem ein ganz hübsches Vermögen besäße. Darum führt er auf Eriksdal ein eingezogenes und arbeitsames Leben, und Marit unterstützt seine Bestrebungen in würdiger Weise. Immer froh und thätig, sucht sie ihm sein Haus so angenehm wie möglich zu machen. — Dagmar, die ihre Stiefmutter bewundert, thut Alles, um ihr zu gleichen.

— Wann warst Du zuletzt in Eriksdal? fragte David.

— Vor ein paar Wochen.

— Liebst Du Dagmar noch immer so wie sonst?

— Ja, mehr noch statt weniger, war die Antwort.

Ein Wagen rollte die Allee herauf.

— Das ist der Pächter von Haraldshof! äußerte Georg.

David sprang auf und rief:

— Empfängt unsere Mutter seinen Besuch?

— Gewiß. Arvid ist ja mit ihrer Nichte vermählt. Ihm die Thür weisen, hieße sie auch vor Mathilde schließen.

David verließ die Veranda und ging auf sein Zimmer.

Nach einer halben Stunde fuhr Lieutenant Broolind wieder fort.

Als David in den Salon eintrat, fand er Frau Waldner und Mathilde in demselben.

Fünf Jahre lagen zwischen diesem und dem letzten Zusammentreffen Davids mit seiner Cousine. Als er sie zuletzt gesehen, war sie eine schöne, neugierige und gefallsüchtige junge Frau, die mit ihrer scharfen Zunge gern die Schwächen Anderer kritisirte.

Sie hatte sich damals mehrere der wenig vortheilhaften Eigenschaften ihres Mannes angeeignet, und David erwartete sie nach dieser Richtung hin noch weiter entwickelt zu finden. — Aber er hatte sich verrechnet und hätte fast seine Bestürzung laut werden lassen, als ihm Mathilde ihr Gesicht zuwandte. Die in tiefen Höhlen liegenden Augen, die gelbliche Farbe ihrer Wangen, der matte Ausdruck ihres Blickes, dies Alles erinnerte kaum noch an die frühere Mathilde. David starrte sie an, als ob es ihm schwer würde, an die Verwandlung zu glauben. Mathilde lächelte ihm traurig zu.

— Du erschrickst über mein Aussehen, sagte sie. Ich bin schwer krank gewesen, aber nun genesen, und hoffe, bald wieder wohlauf zu sein.

— Das dürfte wohl lange dauern! war die Antwort, welche David im Stillen gab.

— Die Luft auf Haraldshof bekommt mir sicherlich nicht gut, fuhr Mathilde fort, und ich habe deswegen Tante gebeten, einige Tage hier bleiben zu dürfen.

Mathilde blieb eine ganze Woche auf Angsberga.

Am Abend vor dem Tage, an welchem Arvid sie wieder abholen wollte, saß sie mit David im Garten unter demselben Baum, unter welchem wir sie zum ersten Male getroffen haben. Mehr als zehn Jahre sind seitdem vergangen.

— Du behauptest also, sagte Mathilde, daß das Uebel, welches mich heimsucht, eine Folge von Seelenleiden sei.' — Du hast leider Recht. Eine geheime Sorge verzehrt mich, und sie ist um so bitterer, als ich sie Niemand anzuvertrauen wage.

— Nicht einmal Deinem Manne? fiel David ein.

— Ihm am Allerwenigsten. — Mathilde umfaßte Davids Arm, beugte sich zu ihm und sagte mit leiser Stimme: Er gerade schuf mir diese Sorge.

O daß Arvid nie versucht hätte, über Dagmars Geburt Gewißheit zu erlangen. Ich habe keinen Augenblick Ruhe gehabt seit dieser Zeit.

— Und warum? Was Arvid that, würden die Meisten an seiner Stelle gethan haben, um dreist in den Genuß der Vortheile zu kommen, welche der Reichthum bietet.

— Möglich; aber wie kam Arvid darauf, diese Nachforschungen in Betreff Dagmars anzustellen? fragte Mathilde. Etwas ist dabei, was nicht sein sollte. — Ach, mir kommt es vor, als ob irgend ein großes Unrecht begangen wäre und als ob ich Antheil daran hätte. Mathilde brach in Thränen aus.

— Du bist krank, Mathilde, und deshalb hast Du Deiner Einbildung freien Raum gelassen, sagte David.

— Nein, ich war vollkommen gesund, als ich begann, darüber nachzugrübeln. Meine Unruhe hat erst die Krankheit hervorgerufen. Von dem Augenblicke an, da wir nach Haraldshof zogen, war mein

Friede dahin und bald auch meine Gesundheit. Meine Kraft ist gebrochen und mein Selbstvertrauen vernichtet. Ich bin an Leib und Seele so verändert, daß ich mich selbst nicht wiedererkenne. Die Fehler, die sonst bei mir am schärfsten ausgeprägt waren, sind verschwunden. Ich, die ich leider neidisch und boshaft war, die ich mich dadurch mit eigenen Unvollkommenheiten zu versöhnen suchte, daß ich den Mängeln Anderer nachspürte, ich fühle mich jetzt von einer schweren Last bedrückt, als ob eine große Schuld auf mir läge. — Ströme von Thränen möchte ich weinen über meinen armen Arvid, der sich verleiten ließ, und über mich selbst, die ich nichts Gutes gethan habe. — O es ist recht traurig, des Glückes und des Friedens beraubt zu sein. — Mathilde weinte heftig.

David bot Alles auf, um sie zu beruhigen, und es gelang ihm auch zum Theil. Dann that er einige Fragen nach dem eigentlichen Grunde ihrer Vermuthung, daß irgend ein Unrecht gegen Dagmar begangen sei.

Mathilde erzählte nun, daß ihr Mann mit einem Menschen, der bei Wilhelm Björnstam in Dienst gestanden, Verbindungen hätte. Den Namen dieses Menschen hatte Mathilde nicht erfahren, aber sie war sicher, daß er allein Arvid alle die Mittheilungen gemacht habe, welche Broolind dann weiter benutzte.

David hörte ihr mit gespannter Aufmerksamkeit zu. — Der Mann, von dem sie sprach, war Sjöqvist, daran war nicht zu zweifeln.

— Mathilde, äußerte David zuletzt, nimm an, daß ich alle diese Fragen an Dich richtete, um das, was ich erfahren habe, gegen Deinen Mann anzuwenden; was würdest Du davon sagen?

— Ich würde Dich segnen, wenn Du Dagmar wiederschafftest, was ihr Arvid genommen hat, sagte Mathilde. Glücklich kann weder ich noch Arvid, noch Eines unserer Kinder werden, so lange wir auf Haraldshof sind. Als wir auf Brovik wohnten, war Arvid der beste und freundlichste aller Männer, jetzt ist er mißtrauisch, heftig und so übermüthig, daß er

mich ganz unglücklich macht. — Ach könnten wir doch
nach Brovik zurück.

— Das kann vielleicht schneller geschehen, als
Du glaubst.

Das Gespräch wurde durch das Rollen einer
Equipage unterbrochen, die in den Hof einfuhr. Brov-
lind sprang heraus und eilte auf seine Gattin zu.
— Mit ungekünstelter Zärtlichkeit fragte er nach
Mathildens Befinden, und als sie gesagt, daß
sie sich wohler fühle, äußerte er in scherzendem
Tone:

— Ich sollte eigentlich eifersüchtig werden, da
ich meine Frau hier allein mit ihrem früheren Bräutigam in spe überrasche.

Mathildens Wangen bedeckten sich mit einer leich-
ten Röthe. So Vieles erinnerte sie heute an einen
andern Abend, an jenen, da sie und David ihre Ringe
tauschten.

David, der keine Vergleiche zwischen Sonst und
Jetzt zog, antwortete, daß er das Vergangene längst

vergessen habe, weil die Zukunft sein Interesse zu sehr in Anspruch nähme.

— Ueber das Kommende nachzudenken ist eine Thorheit, meinte Broelind. Wir wissen ja Nichts davon und können mit allem unserem Grübeln nicht einmal erfahren, wie sich der morgende Tag gestalten wird.

— Zuweilen hält man sich doch verpflichtet, vor dem zu warnen, was er in seinem Schooß verbergen kann, wandte David ein.

— Du willst doch wohl nicht sagen, daß Du Mathilde vor dem Tage gewarnt habest, der einstmals anbrechen wird! scherzte Arvid. Oder hat Dich Deine Eigenschaft als Arzt dazu bewogen.

— Ein Arzt räth, aber er warnt nicht!

— Nun, was sollte Mathilde von der Zukunft zu fürchten haben?

— Sie und ihr Mann erwarten großen Reichthum; ich bat sie, zu glauben, daß dieser Reichthum nur ein Zaubergebilde sei, das plötzlich verschwinden könnte.

Arvid wurde glühend roth.

— Durch welche Beschwörung würdest Du das bewirken können?

— Durch dieselbe, wodurch Dagmar früher ihr Erbrecht verlieren sollte. Ich brauche bloß einem der Kinder zu winken, die Du mit Hülfe der seligen Tante Björnstam ausfindig zu machen bemüht warst. — Irre ich mich nicht, so warst Du es gerade, welcher der Gerichtsräthin gewisse Briefe verschaffte, in denen von Onkel Wilhelm Björnstams Familie gesprochen wurde. Die Briefe verschwanden, aber deßhalb ist es nicht unmöglich, daß Onkel Wilhelm Kinder hinterlassen hat, welche Ansprüche auf Haraldshof erheben dürfen. Es könnte auch sein, daß ein gewisser Sjöqrist, der die Briefe zuerst der Räthin verkaufte und sie hernach sich wieder zueignete, geneigt wäre, mit seinem Geheimniß zu wuchern, und daß der, welcher am Meisten bietet, glücklicher in seinen Nachforschungen wäre, als Tante Björnstam. — In solchem Falle, Arvid, würdest Du Dich in Deinen spätern Jahren damit begnügen müssen, Pächter auf Brovik zu bleiben.

Arvid biß die Zähne zusammen und wandte David den Rücken.

— Meine arme Mathilde, sagte er, laß uns schnell gehen. Du siehst ja, daß es David darauf anlegt, seiner Mutter Gäste zu beleidigen.

— Ist es eine Beleidigung, wenn ich voraussetze, Du könnest von demselben Schicksal betroffen werden, welches Du Dagmar bereitet hast? fiel David ein. Mein lieber Arvid, Deine Worte klingen höchst sonderbar, aber ich will mich nicht damit aufhalten, sie zu analysiren.

David schritt in den Park hinein. Etwas später fuhren Broolind und seine Frau von Angsberga ab.

———

Es ist früh am Morgen und wir befinden uns auf Eriksdal, das etwa eine halbe Meile von **köping belegen ist.

Auf der Veranda stand ein junges Mädchen. —

Sie schaute mit träumerischen Blicken um sich her und lauschte dem Gesange der Vögel. — Ein Rascheln bewog sie jedoch, lächelnd zur Seite zu blicken.

— Ah, bist Du es, alter Hektor, sagte sie und streichelte dem altersschwachen treuen Diener den Kopf. Der Hund sah auf, als ob er sich von dem Befinden seiner Herrin unterrichten wollte.

— Kannst Du heut' wohl einen Spaziergang machen? fragte das junge Mädchen und spielte mit seinen langen Ohren. Hektor wedelte mit dem Schweife, knurrte aber dabei, als habe er etwas ihm Unbehagliches erlauscht.

— Was giebt's, Hektor! Bist Du schon so früh am Morgen bei schlechter Laune?

Gleichzeitig öffnete sich die Glasthür hinter ihr; der Hund sprang bellend dem Heraustretenden entgegen und seine Herrin wandte sich um.

— Georg! rief sie und streckte ihm beide Hände freundlich lächelnd entgegen. Wie hübsch, daß Du wiederkommst, besonders da Du mich erzürnt verlassen hast.

— Liebe, gute Dagmar, stammelte Georg, und schloß ihre kleinen Hände in die seinigen.

Dagmar war schnell beschäftigt, eine Menge Fragen an ihn zu richten. Sie wollte wissen, ob Georg ein paar Tage auf Eriksdal bliebe, wie sich Tante befände, ob sie Nachrichten von David erhalten hätten u. s. w. Sie ließ dem jungen Manne kaum Zeit, ihre Fragen dahin zu beantworten, daß er ein paar Tage bleiben wolle, daß David auf Anasberga gewesen sei und daß sich seine Mutter wohl befinde.

— Du weißt doch, daß David eine Zeit lang in **köping prakticiren wird? fragte Georg, als er endlich das Wort erhielt.

— Wie sollte ich das wissen, da Du nichts davon geschrieben hast und kein Anderer davon gesprochen hat!

— Du hast mir ja verboten zu schreiben.

— Verzeihe, das vergaß ich. Dagmar erröthete. Wann kommt David nach **köping.

— Er ist schon dort.

Dagmar sah gedankenvoll aus.

— Wird es Dir ein Vergnügen machen, ihn wiederzusehen?

— Ich weiß es nicht; Alles ist so verändert, seitdem wir uns zum letzten Male trafen.

— Er aber ist derselbe geblieben und hofft in Eriksdal eben so willkommen zu sein, wie . . .

— Dorten, fiel Dagmar ein; ja das soll er.

— Er kommt heute Nachmittag her, und Du glaubst, daß Onkel und Marit ihn gern sehen werden?

— Welche Frage, — sie werden gewiß sehr froh sein.

— Aber er ist nicht der Einzige, der Eure Gastfreundschaft in Anspruch nimmt. Unsere Mutter ist bereits auf Eriksdal.

— Wie angenehm. — Und Du hast mir das nicht gleich gesagt. Wann kam Tante und wo ist sie?

— Mutter ist bei Frau Tharèn, um ein wenig zu ruhen. Wir sind die ganze Nacht gefahren und kamen heute früh um vier Uhr an.

Stillschweigen trat ein. Dagmar brach es.

— Du bist mir nicht böse, Georg?

— Nein, Dagmar, ich habe Dich immer gleich lieb. Es ist unmöglich, Dir, die ich so herzlich lieben muß, böse zu sein.

— Und so willst Du immer sein?

— Immer.

— Dank; ich fühle mich so beruhigt, wenn ich weiß, daß Du stets mein bester treuer Freund verbleibst.

— Georg antwortete nichts.

Nach einem Weilchen war Dagmar eifrig beschäftigt, den Kaffeetisch zu ordnen, wobei ihr Georg behülflich war.

Als dies geschehen war, begab sich Dagmar zu Marit.

— Weißt Du, daß wir Besuch bekommen haben? fragte sie.

— Ja, Georg und Tante Waldner.

— Nachmittag kommt noch Jemand.

— Wer? — Marit steckte eine Nadel in ihre Halskrause.

— Jemand, der noch niemals hier gewesen ist und den wir lange nicht gesehen haben. . .

— Das ist wohl David? sagte Marit mit so ruhigem Tone, daß Dagmar davon überrascht wurde. Nicht ein Zug in Marits Angesicht verrieth eine innere Bewegung.

— Ist es Dir angenehm, ihn wiederzusehen?
— Sehr.

Marit küßte Dagmars Stirn und ging zum Obersten. Bald darnach traten die beiden Gatten auf die Veranda, wo Frau Waldner und Georg sie erwarteten.

Der Mittag war vorüber. Die Frauen saßen in der großen Gartenlaube und Frau Waldner erzählte Neuigkeiten aus der Gegend von Angsberga. Einer ihrer gemeinsamen Bekannten war verlobt, ein Zweiter todt, ein Dritter verheirathet u. s. w. u. s. w. Georg

promenirte einen der Stege auf und ab, indem er mit
dem Obersten über eine Aenderung in der Betriebs-
weise der Eisenwerke auf Haraldshof verhandelte.
Dagmar war oben im Wohnzimmer und sorgte dafür, daß Erfrischungen in den Garten getragen
wurden.

Sie hatte eben die Teller geordnet, als ein Wagen in den Hof einfuhr. Ein schneller Blick durch's
Fenster belehrte sie, wer der Ankömmling sei. Hinter
einem großen Epheu versteckt, betrachtete sie den Gast,
ging dann quer durch das Zimmer und blieb an der
Glasthür stehen, demjenigen den Rücken wendend, der
eintreten sollte.

Die Thür ging auf und David trat ein. Einen
Augenblick stand er still. Nach so langer Trennung
sollte er das einzige Weib wiedersehen, das er geliebt
hatte. — Er blickte auf die, welche ihm den Rücken
zukehrte; das war sie, das war Marits Wuchs, ihre
Haltung, ihr üppiges Haar.

Er bedurfte mehrerer Minuten, seine Bewegung

zu bemeistern. Als dies gelungen, trat er einige Schritte näher. — Sie verblieb in ihrer Stellung; erst als er dicht bei ihr war, wandte sie das Haupt. — Es war nicht Marit, sondern — Dagmar. Etwas wie Verdruß darüber, daß er sich hatte irren können, regte sich in Davids Seele; aber Dagmar lächelte so freundlich, daß jedes unbehagliche Gefühl verschwinden mußte. Mit einer gewissen Freude bemerkte David überdies, wie schön Dagmar sich entwickelt hatte.

— Wie männlich David geworden ist! dachte Dagmar, indem sie ihn bewillkommnete.

— Marit und die Tanten sind im Garten, und dahin will ich Dich jetzt geleiten, sagte Dagmar.

David seufzte. Das Wort „Tanten" gefiel ihm nicht. Er hatte so innerlich gewünscht, Marit zu sehen, ohne daß Anderer Augen auf ihm ruhten.

Dagmar nahm indessen ohne Weiteres seinen Arm und führte ihn zu ihrem Vater.

David wurde von dem veränderten Aussehen des Obersten schmerzlich überrascht. — Nur die straffe, militairische Haltung erinnerte noch an den früheren Mauritz Björnstam. Das Haar war weiß geworden, die Augenbrauen grau, die Stirn gefurcht und die Augen lagen tief.

— Es freut mich herzlich, Dich wiederzusehen, sagte der Oberst. Du bist mir der liebste Gast, den ich auf Eriksdal willkommen heißen kann.

— Ja, herzlich willkommen im Vaterlande, äußerte eine Stimme hinter ihm. — David zuckte zusammen. Die Stimme war ihm aus früheren Tagen wohl bekannt.. Marit stand dort; ihre ruhige und freundliche Miene schien ihm zu sagen: „Was gewesen, ist nicht mehr; das, was ist, ist nicht so, wie's gewesen!"

David hatte noch nicht einsehen gelernt, daß auch die Gefühle der Veränderung unterworfen sind. Marits Antlitz mußte ihn jetzt davon überzeugen.

Es that David weh, Nichts weiter darin entdecken zu können, als einen Ausdruck ruhiger Freundschaft. Sie war noch eben so schön, als da er sie zuletzt sah. Wie war es möglich, daß ihre Herzensgefühle erkalteten? — Aber es war nicht nur möglich, sondern in der That so.

Vermählt mit einem Manne, der ihre ganze Achtung und Ergebenheit besaß, begabt mit einem beweglichen Gemüthe, gehörte Marit nicht zu denen, die ihr Leben ewigem Schmerze oder hoffnungsloser Liebe weihen. Sie hatte beide bekämpft und beide besiegt — Ohne Wehmuth konnte sie denjenigen wiedersehen, den sie einstmals vergöttert. Sie hatte ihn gern, als den Edelsten und Besten der Männer; sie hatte ihn gern, denn an ihn knüpfte sich die Erinnerung an die schönste Zeit ihres Lebens — aber sie liebte ihn nicht mehr. Die Liebe hatte der Freundschaft Platz gemacht.

Mit David stand es anders. Er hatte gearbeitet und studirt, aber ihr Bild schwebte stets und ständig vor den Augen seiner Seele. — Von dem Guten, das er gethan, war Vieles geschehen in dem Wunsche, sich ihren Beifall zu erwerben. Er hatte sich angestrengt, das zu werden, was sie ihm in ihrem ersten Liebes-

traum als Lebensziel gewiesen. — Jetzt war er ein
erfahrener Arzt, ein tüchtiger und von Allen hoch geachteter Mann. Er hatte gearbeitet und viel ertragen, er hatte sich jede selbstische Freude versagt und versucht, sich über die Leiden zu erheben — und all dieses war ihm gelungen durch die Liebe zu ihr. Jetzt erblickte er sie wieder, und es sah sich an, als wäre die Erinnerung an das, was gewesen, vollkommen aus ihrem Gedächtniß entschwunden.

Wünschte David, daß es anders wäre? — Nein, wir glauben es nicht, aber das schwache Herz murrte, trotz Allem, was sein besseres Gefühl einwandte.

Als er am Abend nach **köping zurückkehrte, war er niedergeschlagen und düster. Als aber der folgende Tag graute, hatte er seinen Mißmuth vollkommen besiegt.

Ehe er Eriksdal wieder besuchte, versöhnte er sich mit dem Gedanken, nicht mehr geliebt zu sein.

Seine ärztliche Praxis ließ ihm nicht viel Zeit, weder zu Vergnügungen, noch zu Träumereien, sonbern' nahm ihn vollkommen in Anspruch, besonders da er sie mit Eifer betrieb. Er wurde bald seiner glücklichen Kuren willen bekannt und man rühmte ihn seines Wohlwollens wegen. Gleich besorgt für Reiche und Arme, war er stets bemüht, die Leiden zu lindern. Sein Beruf erfüllte seine Seele.

Auf der Flur von Eriksdal lag eine kleine Käthnerhütte und die Hausfrau war schwer krank. Dagmar besuchte die arme Frau täglich und auch Doktor Waldner kam gelegentlich.

Eines Tages ging Dagmar mit einem Korbe voll Essen dorthin. Nachdem sie die Speisen an die Kranke und an die Kinder vertheilt hatte, ließ sie sich vor der Hütte nieder und unterrichtete das älteste Mädchen, wie sie die Mutter und die Geschwister pflegen sollte. Die kleine Grete, obwohl erst neun Jahr alt, war ein lernbegieriges Kind und hörte aufmerksam zu. Grete wünschte nichts sehnlicher, als dem guten Fräulein Dagmar zu gefallen, die es überdies nie an außerordentlichen Leckerbissen, Bisquit, Kringeln und dergleichen mangeln ließ.

— Sorge nur dafür, daß die Mutter frisches Wasser hat, daß die Stube gefegt wird und die Geschwister ordentlich und reinlich sind, sagte Dagmar, indem sie der Kleinen die Wangen streichelte. Denk auch daran, daß die Suppe, welche ich mitgebracht habe, nur für die Mutter bestimmt ist und laß sie nicht von den Geschwistern aufessen; und nun lebe wohl für heut, mein Kind.

Das Mädchen nickte und Dagmar erhob sich, um zu gehen; aber sie nahm ihren Platz wieder ein, als sie einen Reiter bemerkte, der auf dem steinigen und ungebahnten Wege sich dem Hause näherte.

— Der Doktor! rief Grete aus.

David grüßte Dagmar flüchtig und ging zu der Kranken.

Dann begleitete er, sein Pferd am Zügel führend, Dagmar auf ihrem Wege.

— Ich möchte gern wissen, weshalb Du seit

Deinem erſten Beſuch nicht wieder auf Eriksdal geweſen biſt, äußerte Dagmar. Wurdeſt Du ſo ſchlecht empfangen, daß Du die Luſt verlorſt, den Beſuch zu wiederholen?

— Gewiß nicht! antwortete David lächelnd. Der ſchlechte Geſundheitszuſtand, welcher jetzt herrſcht, iſt die Urſache meines Ausbleibens geweſen.

— Dann gehſt Du wenigſtens heut mit mir nach Eriksdal und bleibſt dort. — Vater und Marit ſind beim Prediger zum Beſuch und es würde recht freundlich von Dir ſein, wenn Du mir in meiner Einſamkeit Geſellſchaft leiſteteſt.

— Gern, aber unter einer Bedingung.

— Bedingung? — Du biſt recht artig.

— Es thut mir leid, daß ich es nicht bin.

— Nun, ein Mal muß ich mich wohl Deinen Launen unterwerfen. Wie lautet die Bedingung?

— Daß ich über eine Sache ſprechen darf, die Dir gewiß nicht angenehm iſt.

— Meinſt Du, ich ſei zu froh, und Du müßteſt

deßhalb mit mir über Dinge sprechen, die langweilig sind?

— Ich glaube, Du bist weniger froh, als Du zu sein scheinst, und deshalb wünschte ich über das zu reden, was der Gegenstand Deiner und Euer Aller stillen Sorge ist.

— Ich verstehe, Du meinst Haraldshof. Dagmar wandte das Haupt von ihm ab.

— Thut es Dir sehr weh, darüber zu sprechen? ragte David.

— Nicht, wenn ich mit Dir spreche. — Ich habe, seit Du heimkehrtest, oft gewünscht, daß Du uns besuchen möchtest, und ich so Gelegenheit hätte, mit Dir über diese Angelegenheit zu verhandeln. — Es kommt mir so vor, als hättest Du schon früher eine Ahnung gehabt von dem, was kommen und eintreffen sollte, und die Erinnerung an das Billet, welches ich am Tage nach meines Vaters Hochzeit erhielt, hat mich in dieser Vermuthung bestärkt. Ich habe oft gedacht, daß dieser Zettel auf Haraldshof Bezug hätte.

— Du hast wirklich recht; schon damals, sagte David, waren große Intriguen, die Erbschaftsverhältnisse betreffend, im Gange; aber sie haben später eine andere Richtung angenommen.

— Dann sind sie mir gleichgültig; mich kümmert das Erbe wenig, aber mich quält es, daß meines Vaters Ehre befleckt scheint. — Alle die häßlichen Gerüchte, die Großmutter durch ihre Unbedachtsamkeit erregt hat, sollen nun an Wahrscheinlichkeit gewinnen. — Meines Vaters Haar ist grau geworden, seine Stirn gefurcht und seine Seele niedergedrückt unter der Last einer unverdienten Schande, die man auf sein Haupt gewälzt hat. Ehe diese nicht fortgenommen ist, kann die Freude nicht in unsere Familie wiedereinkehren.

— Aber Dagmar, es ist nicht einmal denkbar, daß er davon befreit werden kann. Es ist ja festgestellt, daß Du älter bist, als er angegeben hat.

— Wahr, und doch hat er sich keines Betruges schuldig gemacht, wenigstens nicht in eigennütziger Absicht.

— Liegt irgend ein Geheimniß darunter verborgen? fragte David.

— Ja.

— Vertrau es mir an, bat David, ich vermag vielleicht, Einiges zur Klärung der Verhältnisse zu thun.

Dagmar blieb stehen, sah sich um, legte ihre Hand auf Davids Schulter und flüsterte ihm einige Worte zu.

— Ist das möglich? rief David aus und starrte das junge Mädchen an. — Sie lächelte betrübt.

— Wenn wir nach Hause kommen, sollst Du Gewißheit erhalten. Ich will Dir ein Papier zeigen, welches meine Worte bekräftigt. Du fragst vielleicht, wie ich in den Besitz desselben gelangt bin. — Es hat mir bereits seit meinem neunten Jahre angehört. Mein Vater war verreist; ich bemächtigte mich der Schlüssel zu seinen Zimmern und trat hinein, was sonst während seiner Abwesenheit nicht erlaubt war. Ich durchwanderte alle Zimmer und untersuchte Alles.

Als ich in seine Arbeitsstube gekommen war, fand ich ein besonderes Vergnügen daran, seinen Schreibtisch zu beschauen, und entdeckte dabei, daß die Schlüssel in der einen Thür zurückgelassen waren. Ich machte das Fach auf. Größere und kleinere Haufen Silbermünzen von verschiedenem Werthe lagen darin, und hinten in einer Ecke fand ich ein Etui in rothem Maroquin. Ich öffnete es. Es lag der Rahmen eines Bildes darin, und unter diesem ein kleiner Zettel von meines Vaters Hand. Ich hatte gerade lesen gelernt und wickelte das Papier auf, um den Inhalt kennen zu lernen; aber in demselben Augenblick hörte ich Schritte, das Papier verschwand in meiner Tasche, das Fach wurde zugeschlossen, und als Tante Tharèn eintrat, stand ich mitten im Zimmer. — Am Abend nahm ich das Papier vor und buchstabirte darin. — Der Inhalt war derartig, daß ich die Schrift nicht nur im Gedächtnisse, sondern auch unter meinen Andenken aufbewahrte. — Von dem Tage an fürchtete ich alle fremden Menschen, und es war mir lange, als ob etwas Böses mich beständig verfolge. — Im Alter von neun Jahren ein Geheimniß bei sich zu behalten, ist nicht leicht. Ich habe indessen das meine treu bewahrt und Du bist der Erste, dem ich es mittheile.

Sie waren nach Eriksbal gekommen. Nachdem sich Dagmar von der Abwesenheit Marits und des Obersten überzeugt hatte, holte sie ein Stück Papier hervor und übergab es Davids Händen.

David las es und gab es dann mit den Worten zurück:

— Mauritz Björnstam soll von der Furcht befreit werden, daß nach seinem Tode ein unverdienter Schimpf seinem Namen anhefte.

— Aber wie soll das geschehen?

— „Wie", weiß ich noch nicht, aber ich weiß, daß es geschehen soll und muß!

David stützte die Stirn auf seine Hand und versank in Gedanken. Plötzlich sprang er auf und rief aus:

— Er besitzt dies Papier. — Er, der die Briefe gestohlen, das Geheimniß an Arvid verkauft hat; aber vielleicht hat er auch dieses Beweisstück verschachert, das Arvid für immer die Aussicht auf den Besitz von Haraldshof rauben müßte. — Ah, das wäre in der That so niederträchtig, daß — —

Eine längere Ueberlegung zwischen David und Dagmar folgte. Erst spät ritt er von Eriksdal, ganz erfüllt von dem Plane, durch den er in den Besitz des Dokumentes kommen wollte, dessen er bedurfte. Welche Genugthuung mußte es David gewähren, wenn er Klarheit in diese Sache brächte; wie zufrieden mußte Marit mit ihm sein.

Als David nach Hause kam, wurde er zu einem Kranken auf einen Herrensitz in der Nähe von **köping berufen. — Das Gut hieß Marnäs und gehörte einem ehrenhaften Landmanne, der neben anderem Reichthum zwei Söhne und eine Tochter besaß.

Die Tochter war jüngst mit einem jungen Beamten verlobt, und eben dieser glückliche Bräutigam

war plötzlich und heftig erkrankt. — David ging so=
fort zu dem Kranken. — Der Patient hatte heftiges
Fieber und starkes Kopfweh. Sein Haupt war in
nasses Linnen gehüllt. — David ließ die Umschläge
entfernen und hatte nun das Angesicht des Kranken
vor sich. Er erkannte seinen früheren Schuldner
Christoffer Alm.

David behandelte den Kranken mit vieler Sorg=
falt und hatte nach ein Paar Wochen die Genug=
thuung, ihn auf dem Wege der Besserung zu sehen.
Die Braut und die künftigen Schwiegereltern waren
außer sich vor Freude.

Die häufigen Besuche auf Marnäs hatten indes=
sen wiederum bewirkt, daß David nicht nach Eriksdal
gekommen war. Wohl hatte er in aller Eile die
kranke Käthnerfrau besucht, aber ohne dabei mit Dag=
mar zusammenzutreffen. Er beschloß, am nächsten
Sonntag hinzufahren, wurde jedoch wiederum verhin=
dert, und am Montag begab er sich nach Marnäs,
um nach Christoffer zu sehen und, wenn möglich,

einige Worte allein mit ihm zu sprechen. Das gelang auch; als David ankam, war Alm allein.

— Wo befindet sich Dein Vater augenblicklich? fragte David.

— In Stockholm, war die Antwort.

— Wie? Er ist nicht mehr in Norland?

— Nein, schon vor ein paar Jahren zog er von dort weg.

— Und wie geht es ihm jetzt?

— Gut; er hat mehrere glückliche und gewinnbringende Geschäfte gemacht.

— So—o—. Ist es lange her, seit Du ihn sahst?

— Ungefähr ein Jahr, und da sehr flüchtig.

— Weißt Du irgend etwas von der Beschaffenheit der glücklichen Geschäfte, die Dein Vater gemacht hat? fragte David und sah Christoffer scharf an. Des jungen Mannes Angesicht zeugte von der vollkommensten Unkunde und David that keine weiteren Fragen.

Chriſtoffer führte das Geſpräch von ſeinem Vater auf den Dank über, den er David ſchulde und der nun noch vergrößert ſei. David unterbrach ihn jedoch kurz mit den Worten:

— Du mußt mir einen Dienſt leiſten.

— Was Du verlangſt, iſt meine Pflicht zu thun und es ſoll mir eine wirkliche Freude ſein.

Du wirſt jetzt wohl einige Zeit in **köping bleiben, ſagte David; da ſchreibe an Deinen Vater und bitte ihn, Dich zu beſuchen, aber ohne zu erwähnen, daß ich Dich während Deiner Krankheit behandelte; er braucht nicht zu wiſſen, daß wir zuſammengetroffen ſind. Ich möchte mit ihm ſprechen, aber ohne daß er vorbereitet iſt, mir zu begegnen.

Chriſtoffer verſprach, Alles, was David verlangte, pünktlich auszuführen und ſo ſchieden ſie.

———

Am folgenden Tage beſuchte David Eriksdal.

Er fand Dagmar im Garten. Der Oberſt war auf den Feldern und Marit hatte im Treibhauſe zu thun.

— Endlich bekommt man Dich zu sehen! rief Dagmar aus. Du bist der Launischste unter den Launischen. Als Du zuletzt auf Eriksdal warst, gelobtest Du, öfter wiederzukommen, und trotzdem sind vier Wochen vergangen, ohne daß Du hier gewesen bist. Nennst Du das „Wort halten?" Wie willst Du ein solches Betragen vertheidigen? Wo bist Du gewesen und was hast Du gethan?

— Ich war bei Kranken, behandelte Kranke und leistete Kranken Gesellschaft.

— Und vergaßest vollständig die Gesunden.

— Ich vergaß sie nicht, aber ich mußte sie vernachlässigen. — Wie ist es Euch in dieser Zeit ergangen?

— Ganz gut. Bei uns wirst Du keine Praxis bekommen, obwohl ich zuweilen wohl wünschen möchte, daß wir krank wären! — Ein Schimmer von Wehmuth flog dabei über Dagmars Stirn.

— Ein recht unverständiger Wunsch, meine freundliche Dagmar, fiel David ein.

— Nun, ich glaube kaum, daß ich jemals für besonders verständig gehalten bin. Aber genug davon — hast Du Briefe von Georg gehabt? Es sollte mir angenehm sein, etwas von ihm zu hören.

— Schreibt Ihr Euch denn nicht?

— Nein!

Dagmar spielte mit einigen Blumen und sah verlegen aus. David merkte es und wollte keine weitere Frage thun. Marit näherte sich außerdem vom Treibhause her. Des jungen Arztes bleiche Wangen färbten sich lebhaft, als er ihre Hand ergriff und drückte. Gleichzeitig erschien eine Dienerin und bat, daß Dagmar zu Frau Tharèn kommen möchte. So blieben Marit und David allein.

David fühlte sich äußerst verlegen. Marit aber schien dies nicht zu beachten. Ihre Stimme klang wie gewöhnlich, als sie äußerte:

— Scheint es Dir, David, daß mit Dagmar eine Veränderung vorgegangen ist, während Du fort warst?

— Sie hat sich wunderbar verändert und gleicht jetzt in Wesen und Haltung auf eine in die Augen fallende Weise ihrer Stiefmutter.

— Recht schmeichelhaft für mich. Marit lächelte. Dagmar hat eine schöne Haltung und ein einnehmendes Betragen; aber ich wollte nicht über Aeußerlichkeiten Dein Urtheil hören. Ich wünschte zu wissen, ob Du sie eben so fröhlich und unbekümmert gefunden hast, wie sonst.

— Dagmar scheint mir eben so munter und lebensfrisch zu sein, wie sie stets gewesen ist; man sieht keinen Schimmer von Sorgen auf ihrer Stirn.

— Nicht?! Mir kommt es gleichwohl so vor, als sei ihr ganzes Wesen mit Trauer überschattet.

— Dann ist es der Gedanke an den Vater, der dies hervorgerufen hat, antwortete David.

— Ich glaube nicht, daß dies die Hauptsache ist. Dagmar ist schon seit unserer Rückkehr vom Auslande so gewesen, noch ehe die Erbschaftssache angeregt war. Sie muß etwas Anderes haben, worüber sie grübelt.

Ich möchte wissen, was es ist. Zuweilen beunruhigt mich meine Unkenntniß, aber ich fürchte mich davor, mir ein Vertrauen zu erzwingen, was sie Niemand gewähren zu wollen scheint. Um ihre Umgebung irre zu leiten, zeigt sie sich beständig fröhlich; aber es glückt ihr doch nicht immer, hinter der lächelnden Maske ihre Schwermuth zu verbergen.

— Ob das nicht aus Dagmars lebhafter Phantasie geboren sein mag und dadurch entstanden, daß ihre Launen häufig wechseln?

— Gebe Gott, daß es so sein mag!

Marit und David wechselten einen flüchtigen Blick.

Jetzt erinnerte er sich daran, daß Dagmars Mutter gemüthskrank gewesen war. Bei diesem Gedanken empfand David ein peinigendes Gefühl. — Er wies jedoch sofort die Möglichkeit einer derartigen Voraussetzung von sich und fuhr fort:

— Dagmar hat einen starken Körper, und in Bezug auf ihre Seele glaube ich nicht, daß irgend eine Gefahr zu befürchten sei. — Grübelt sie über etwas, so gilt das allein dem Vater. — Sie liebt ihn inniger, als man ahnen kann.

David dachte an den Inhalt des Papieres, das er gelesen hatte, und glaubte darin den Grund zu Dagmars geheimer Sorge zu finden, im Falle sie überhaupt eine solche hätte. Nach einer kurzen Pause sagte er:

— Ich erwartete bei meiner Rückkehr Dagmar mit Georg verlobt zu sehen; zu meiner großen Verwunderung fand ich, daß die Sache noch immer unentschieden ist.

— Wir haben dasselbe gehofft, antwortete Marit und Georg glaubte so sicher an Dagmars Liebe, daß er nie an die Möglichkeit eines Korbes dachte. Es war uns Allen überaus schmerzlich, als Dagmar ihm ihre Hand mit Bestimmtheit versagte.

— Hat Georg um sie geworben?

— Ja, und Dagmar antwortete: „Nein!"

— Was war der Grund, daß sie ihm einen Korb gab?

— Sie hat keinen anderen angegeben, als daß sie sich nicht verheirathen wolle.

— Wie lange ist das her?

— Erst ein paar Wochen vor Deiner Ankunft. — Dagmar war selbst von Schmerz verzehrt, als sie Georg dieses Leid anthat, und es dauerte lange, ehe sie sich wieder beruhigte.

— Und Georg, wie ertrug er sein Geschick?

— So, wie nur ein Waldner dergleichen erträgt, sagte Marit mit milder Stimme.

Es lag in diesen Worten der größte Lohn, den David sich wünschen konnte.

— Aber, nahm Marit wieder das Wort, es wundert mich, daß Georg Dir nichts davon erzählt hat.

— Ehe man sich mit dem Entsagen versöhnt hat, vermeidet man darüber zu sprechen.

Dagmar kam nun zurück und bald hatte sie mit ihren munteren Scherzen all die Besorgnisse verjagt, welche durch dieses Gespräch hervorgerufen waren. —

Sie sprach, lachte und hatte tausend kindliche Dinge zu erzählen. Wenn man sie hörte und sah, hätte man über Marits Vermuthungen lachen mögen.

David, der bisher nur Augen für Marit gehabt hatte, wurde nun genöthigt, auch Dagmar seine Aufmerksamkeit zu widmen. Marit war unruhig über Dagmar, folglich mußte David ausforschen, ob Marits Unruhe begründet war. — Hierdurch wurden seine Gedanken bis zu einem gewissen Grade von Marit auf Dagmar abgelenkt.

Auf seiner Fahrt von Eriksbal nach Hause war er ausschließlich mit Dagmar beschäftigt. Obwohl er glaubte, die Ursache ihrer Grübeleien zu kennen, kam ihm auch der Gedanke an die Gemüthskrankheit ihrer Mutter immer wieder und erinnerte ihn daran, welches traurige Erbtheil Dagmar erwartete.

David beschloß, öfter nach Eriksbal zu fahren, Dagmar genau zu beobachten und sich davon zu überzeugen, ob sie wirklich von einer unerklärlichen Schwermuth, die vielleicht in Geisteskrankheit übergehen könnte, befallen, oder ob ihr Leid weniger gefährlicher Natur sei.

Einige Tage vergingen und David war wieder auf Eriksdal.

Dagmar saß auf der Veranda und arbeitete. Als David sie dort aufsuchte, sah sie schwermüthig und trauervoll aus, aber bei ihrer Begrüßung fand doch ein Lächeln den Weg zu ihren Augen und Lippen. Den gewöhnlichen fröhlichen Ton vermochte sie jedoch nicht anzuschlagen, und dies bewirkte, daß, nachdem David Platz genommen, ein Schweigen eintrat.

— Sage mir, Dagmar, begann David plötzlich, warum hast Du Dich geweigert, Georgs Gattin zu werden?

Dagmars Wangen bedeckten sich mit Purpur.

— Ich konnte nicht!

— Steht Deine Weigerung in Zusammenhang mit dem Geheimniß, was Du mir anvertraut hast?

Dagmar wurde ganz bleich; sie wandte das Haupt ab und flüsterte:

— Nein!

— Hast Du aufgehört, Georg lieb zu haben?

— Wie wäre das möglich! — Mit Ausnahme meines Vaters und Marits giebt es Niemand, von dem ich so viel hielte, wie von Georg. Ich begreife nicht, wie sich meine Gefühle für ihn verändern sollten.

— Und doch beraubtest Du ihn des Glückes, das er bereinst zu genießen so sicher war?

— Ich konnte nicht anders handeln; Gott allein weiß, ob der Schmerz, welchen ich Georg bereitete, bitterer war, als der, welchen ich selbst ertrug.

— Du hast ihn in jenem Augenblicke erfahren, aber Georgs Weh dauert fort!

— Leid und Weh vergehen mit der Zeit. Georg wird vergessen, daß er gewünscht hat, mich als Gattin zu besitzen, und recht bald wird er in mir nur seine Schwester sehen.

— Das geht nicht so leicht!

— Aber es geht. — Doch weshalb sollen wir hierüber reden. Georg hat Dich bestimmt nicht beauftragt, zu versuchen, ob mein Entschluß sich ändern ließe!

— Er hat mir seine Werbung nicht einmal vertraut.

— Wer denn hat Dir darüber Mittheilung gemacht?

— Marit. Weißt Du, Dagmar, ich kann mir Dein Betragen nicht erklären. — Du liebst Georg und willst nicht seine Hausfrau werden. Du hast Dich sicherlich von irgend einer phantastischen Laune leiten lassen.

Dagmar lachte.

— Meine Launen sind gewiß zahlreich und groß, aber Du wirst doch wohl nicht glauben wollen, daß ich, um sie zu befriedigen, mir selbst ein Weh auferlege. Ich habe einen Grund, einen gültigen Grund, Georgs Anerbieten abzulehnen.

— Du willst ihn mir aber nicht angeben?

— Nein.

— Hast Du, fragte Dagmar nach einer Pause, unsere Unterredung auf dem Wege vom Käthnerhause vergessen?

— Unmöglich.

Glaubst Du, daß es jemals bewiesen werden kann, daß mein Vater nicht aus Eigennutz gehandelt hat?

— Noch kann ich Deine Frage nicht beantworten, aber ich hoffe es bald zu können.

Das Gespräch ging nun auf gleichgültigere Dinge über.

———

Alle Heimlichkeit übt auf uns Menschen einen bedeutenden Einfluß aus. — Man vermuthe nur, daß irgend ein Mitmensch etwas habe, das er verbergen möchte, er wird, wenn er vorher noch so unbeachtet gewesen, dadurch plötzlich ein gewisses Interesse erregen.

David hätte Jahre lang mit Dagmar leben können, ohne ihr irgend welche Aufmerksamkeit zu schenken, ohne daß sie im Stande gewesen wäre, seine Gedanken von Marit abzulenken. Da aber sprach Marit ihre Vermuthung aus, daß Dagmar ein heimliches Weh trage und daß sie dessen Folgen fürchte. Nun konnte er unmöglich unterlassen, an Dagmar zu denken.

Er kam jetzt häufig nach Eriksdal, hielt sich dort stundenlang auf und war stets in Dagmars Gesellschaft, aber er vermochte weder die Ursache von Georgs Zurückweisung, noch den Gegenstand ihrer Grübeleien zu erforschen. Er glaubte indessen recht vermuthet zu haben, als er annahm, daß Dagmar nicht an irgend welcher krankhaften Schwermuth litte, sondern daß jene Entdeckung sie bedrücke, welche sie in ihrem neunten Jahre gemacht hatte. David vertiefte sich indessen so in das Studium von Dagmars Angesicht, Gemüth und Charakter, daß dieses Studium zuletzt seine Gedanken fast eben so sehr als seine ärztlichen Pflichten in Anspruch nahm.

David verlebte gewöhnlich die Feiertage auf Eriks=
dal. Eines Sonntags, da man ihn schon früh am
Morgen erwartete und Dagmar mit der Anordnung
des Frühstücks beschäftigt war, fuhr ein Wagen da=
selbst vor.

— Kann David schon hier sein? rief sie aus
und eilte zum Fenster. Allerdings hielt dort Davids
Kabriolet, aber nicht David stieg aus, sondern Georg.

Dagmar wurde roth. Sie eilte dem gerngesehe=
nen Gaste entgegen.

— Ach, Georg, kommst Du endlich einmal! rief
sie ihm entgegen; aber wo hast Du Deinen Bruder
David gelassen?

— Er ist behindert, und wie Du siehst, komme
ich an seiner Stelle. — Georg ergriff ihre beiden Hände
und schaute sie zärtlich an: Es ist doch eine Freude für
mich, Dich zu sehen und in Deinen Augen zu lesen,
daß Du meine liebe, liebe, gute Schwester bleibst.

Dagmars Augen wurden feucht; sie lehnte sich
an Georg und flüsterte:

— „Dank, Du guter, unvergleichlicher Georg.

Empfindelei gehörte nicht zu Dagmars Schwachheiten; sie richtete sich schnell auf und fragte in verändertem Tone:

— Du hast ja noch nicht gesagt, wodurch David wieder abgehalten wird, sich bei uns einzufinden?

— Das mag er selber sagen. Ich kam gestern Geschäfte halber nach **köping, und da ich zu demselben Zwecke heute zu Deinem Vater reisen mußte, so bat er mich, ihn zu entschuldigen.

Dagmar sprach nicht weiter über David.

Georg hatte Verschiedenes in Betreff der Werke mit dem Obersten zu verhandeln und verbrachte hernach einige Stunden in Dagmars Gesellschaft, die an diesem Tage außerordentlich nachdenklich schien.

In der Frühe des Sonntagsmorgens hatte David folgendes Billet von Christoffer erhalten:

„Lieber Waldner!

Mein Vater ist vor einigen Minuten angekommen und bleibt nur einen, höchstens zwei Tage hier.

In Eile.

Ch. Alm."

Dies war der Grund zur Einstellung der Fahrt nach Eriksdal.

David begab sich ohne Verzug in Alms Logis, wo er in der That Sjöqvist antraf. Dieser war ziemlich überrascht, wenn nicht gar bestürzt, sich so unvermuthet David gegenüber zu befinden, welcher Letztere sofort Christoffer ersuchte, sie zu verlassen.

David verschloß die Thür, wandte sich an Sjöqvist und sagte ohne Umschweife:

— Wo haben Sie Wilhelm Björnstams Trauungsschein?

— Trauschein!? wiederholte Sjöqvist verwundert; wenn es ein solches Papier giebt, so ist es doch nicht in meinem Besitz.

— Versuchen Sie nicht zu leugnen; ich weiß

sehr wohl, daß Sie dies Dokument gehabt haben und
ich rathe Ihnen, wenn auch zum ersten Male in
Ihrem Leben, ehrlich zu antworten. Sie haben schon
zu oft meine Geduld auf die Probe gestellt, indem
Sie Ihre Versprechungen brachen, so daß ich nicht
gesonnen bin, mich länger edelmüthig gegen Sie zu
zeigen.

— Ich . . . ein . . . Versprechen gebrochen?!
Nein, Herr Doktor, versicherte Sjöqvist und sah da=
bei so treuherzig aus, daß es ihm fast gelang, davon
zu überzeugen, daß er sich in dieser Beziehung wenig=
stens nichts vorzuwerfen habe.

David schien auch von seinem Unrecht überzeugt
zu sein, als er darauf äußerte:

— Nun wohl, das ist vielleicht ein Irrthum.
Ich will mich nicht länger damit aufhalten. Lassen
Sie uns statt dessen von etwas Angenehmerem reden.
— Sie haben einen Sohn.

Sjöqvist runzelte die Stirn.

— Er steht im Begriff, eine gute Partie zu

machen und hat eine schöne Zukunft zu erwarten. Er wird nicht allein ein gesicherter, sondern sogar ein vermögender Mann werden, im Falle Alles verbleibt, wie es ist. Merken Sie wohl, ich sagte: im Falle.

Sjöqvist warf einen finsteren Blick auf David, der, ohne dies zu beachten, fortfuhr:

— Wie anders würde sich sein Schicksal gestaltet haben, wenn . . . .

— Herr Doktor, rief Sjöqvist erschreckt aus, reden Sie nicht von den Fehlern und Irrungen aus den früheren Jahren meines Sohnes; die sind ja durch sein späteres Leben verwischt und überdies die Verpflichtungen, die sich von dieser Zeit herschreiben, längst eingelöst.

— Wie Sie wollen; wir können uns an das Gegenwärtige halten. Um damit zu beginnen, müssen Sie wissen, daß der Schuldschein von damals noch in meiner Hand ist. David nahm ein Stück Papier aus seinem Taschenbuche und zeigte es Sjöqvist. Wie Sie sehen, ist der Betrag quittirt; aber Christoffer verlangte, daß ich dies Papier behielte, um ihn, falls er seinen Versprechungen je zuwider handelte, mit Hülfe desselben an seine Pflicht zu erinnern. "Sollte ich oder mein Vater," sagte er, "unsere Verpflichtung Dir gegenüber je vergessen, so ist der Anblick dieses Zettels hinreichend, uns an unsere Schuldigkeit zu mahnen." Der Beweis also für die begangenen Fehler ist noch vorhanden. — David legte das Papier wieder in sein Buch. — Ich kann jeden Gebrauch davon machen, den ich für zweckmäßig halte.

— Aber mein Sohn hat nie vergessen, was er Ihnen schuldet, rief Sjöqvist aus.

— Nein, er hat sein Wort wie ein Mann gehalten, er ist ein braver und ehrenwerther Mensch geworden; aber sein Vater, rief David in steigender Erregung aus, hat sich betragen, wie man es nach seinem früheren Leben erwarten durfte; er ist, was er war — ein Schurke. Sie haben sich an Broolind verkauft, um einem meiner Angehörigen zu schaden. Sie versprachen mir jedoch, daß Sie sich niemals überreden lassen wollten, dem Obersten etwas Böses zuzufügen.

— Wer will beweisen, daß ich mich verkauft habe? fragte Sjöqvist.

— Wer? wiederholte David — ich!

— Herr Doktor, ich werde Ihnen trotzen.

David gab keine Antwort, sondern legte nur ein zerknittertes Stück Papier auf den Tisch, wobei er an Sjöqvist die Worte richtete:

— Kennen Sie diese Hand, diese Unterschrift und ahnen Sie vielleicht den Inhalt? Aber ich will Ihnen zu Hülfe kommen. Es ist ein gewisser Sjöqvist, der in diesem kleinen Schreiben Lieutenant Broolind davon unterrichtet, daß Fräulein Björnstam älter sei, als man angegeben hat.

Sjöqvist schwieg.

— Ihre Treulosigkeit gegen mich ist hierdurch wohl sonnenklar erwiesen. — Es dürfte nun wohl an mir sein, mich zu rächen. Ich beklage tief, daß ich dabei gezwungen bin, einen Unschuldigen zu treffen,

Ihren Sohn Christoffer, aber ich kann nicht anders, sofern Sie mir nicht Wilhelm Björnstams Trauschein verschaffen. — Ich gebe Ihnen acht Tage Zeit. Dann überliefern Sie mir dieses Dokument oder ich gehe zu Christoffers künftigen Schwiegereltern und sage:

— Der Mann, dem Ihr Eure Tochter übergeben wollt, war als Student ein Dieb. Um Euch zu erklären, wie er dies werden konnte, will ich Euch seines Vaters Geschichte erzählen. Der Vater, welcher noch lebt, ist eines reichen Mannes Kammerdiener gewesen. Neben anderen erbaulichen Handlungen beging er auch die, sich beim Tode seines Herrn dessen Papiere und Schriften anzueignen. Sie waren für ihn so gut wie baares Geld. Er wuchert mit ihnen und ich weiß, daß sie ihm bedeutende Summen eingebracht haben. Ich warne Sie, in ein Verwandtschaftsverhältniß mit diesem Manne zu treten, denn ich habe beschlossen, nicht eher zu ruhen, bis ich ihn auf die Festung gebracht habe. — Nun, Herr Sjöqvist, wissen Sie, was Sie zu erwarten haben.

David ging auf die Thür zu.

— Aber Herr Doktor, was Sie begehren, steht nicht in meiner Macht.

— Um so schlimmer für Ihren Sohn.

David drehte den Schlüssel und setzte den Fuß auf die Schwelle.

— Ich besitze das Papier nicht, murmelte Sjöqvist.

— Verschaffen Sie es sich. — Sie wissen den Ort, wo sich Wilhelm Björnstam trauen ließ; Sie kennen den Namen des Predigers und haben acht Tage Zeit.

— Ich weiß nichts von alle dem.

— Dann bedaure ich Sie. Nur Wilhelm Björnstams Trauschein kann mich verhindern, Sie nach Verdienst zu strafen.

David ging.

Sjöqvist stand unbeweglich mitten im Zimmer, und blickte auf die Thür, als ob er erwartete, den jungen Doktor wieder eintreten zu sehen. Statt dessen wurde sie von seinem Sohn geöffnet.

Christoffer ging auf seinen Vater zu.

— Es ist Zeit, mein Vater, sagte er, daß Sie mich über Verschiedenes aus Ihrem Leben, was mir fremd ist, unterrichten, und daß ich meinen Vater kennen lerne. — Ich fürchte dies, aber es muß geschehen.

Sjöqvist warf sich auf's Sopha und stützte den Kopf in die Hand, ohne eine Antwort zu geben.

— Um einen Anfang zu machen: was ist das für ein Dokument, das Waldner von Ihnen haben will? fragte Christoffer.

— Eines, was nie dagewesen ist.

— Es ist dagewesen und ist noch da, fiel Christoffer ein. Waldner wird nichts Unmögliches verlangen.

Sjöqvist sah auf und rief heftig:

— Und wenn es so wäre, niemals soll es in seine Hände kommen.

— Niemals? fragte Christoffer und erfaßte des Vaters Arm.

— Du haſt mein Wort gehört und Du kannſt noch mehr hören; ich beſitze wirklich dieſen Schein, aber Waldner bekommt ihn nicht.

Chriſtoffer wurde todtenbleich.

— Nun wohl, dann überliefern Sie ihn dem Eigenthümer.

— Er iſt todt. — Es giebt nur Einen, der ſich darüber freuen könnte, und das iſt der Oberſt; aber den Mann . . . .

— Wie ſind Sie in den Beſitz dieſes Dokumentes gekommen?

— Das geht Dich nicht an.

— Ja, wenn mein Vater nicht wünſcht, daß ich glauben ſoll, er habe es geſtohlen . . .

Vater und Sohn blickten einander an.

— Nun, mein Vater, rechtfertigen Sie ſich über den Beſitz. Befreien Sie mich von der Furcht, Sie verachten zu müſſen.

— Undankbarer; als Du mich mit Schande überhäufteſt, hatte ich nur Liebe und Nachſicht für

Dich, und jetzt — möchtest Du mit Deinem Vater in's Gericht gehen. — Habe ich nicht das Geld geschafft, um jede Spur Deines Fehltrittes auszugleichen und trotzdem wagst Du mich anzuklagen; und was schlimmer ist, Du haft diesen Waldner den Schuldschein behalten laſſen und haſt ihm so das Mittel gegeben, mich zu Allem zu zwingen, was er fordert. — Du haſt Dich mit ihm verbunden, haſt mich hierher gelockt und glaubſt nun, daß ich nach Deiner Pfeife tanzen müſſe. — Nein, damit iſt's vorbei; ich opfere mich nicht länger für einen Sohn auf, der weder Dankbarkeit noch Liebe für seinen Vater beſitzt. — Sjöqvist ließ das Haupt auf die Bruſt ſinken.

— Vater, haben Sie vergeſſen, wem Ich dafür zu danken habe, daß ich ein rechtſchaffener Mann bin? fragte Chriſtoffer. Ohne Doktor Waldner wäre ich jetzt jedenfalls ein Böſewicht, der Ihnen nur Schmerz und Schande verurſachte. Unſere Verpflichtung gegen ihn iſt größer, als daß ſie eingelöſt werden könnte. Sie haben eine Gelegenheit, ihm Ihre

Erkenntlichkeit zu beweisen. Lassen Sie diese nicht vorübergehen.

— Und leisten Sie gleichzeitig dem Oberst Björnstam einen unschätzbaren Dienst! fiel Sjöqvist ein. Nein, das wäre zu stark.

— Sie wollen also undankbar gegen den Wohlthäter Ihres Sohnes bleiben?

Der Vater wandte den Kopf ab.

— Sie zwingen mich dadurch, fuhr Christoffer fort, zum Aeußersten. Ich werde selbst mein Glück vernichten und mein Vaterland verlassen. Das Erstere darf ich nicht genießen, in dem Letzteren nicht bleiben, wenn ich, als Mitwisser von des Vaters Unredlichkeit, gezwungen sein soll, ihn wegen der Handlungsweise gegen seinen verstorbenen Herrn mein Leben lang zu verachten.

Christoffer wandte sich ab, um zu gehen.

— Bleibe, murmelte Sjöqvist, legte die Arme auf den Tisch und das Haupt darauf.

— Was wünschen Sie, mein Vater? fragte Christoffer.

— Du wollteft Deinen Vater kennen lernen. Nun höre:

Ich bin das Kind von Leuten, die gerade nicht im besten Rufe standen. Mein Vater war Kutscher bei den alten Björnstams gewesen, aber Diebstahls halber aus dem Dienste gejagt. Er bekam keinen neuen Dienst, sondern gerieth auf immer schlechtere Wege und starb im Gefängniß. — Meine Mutter nahm mich mit sich und wanderte in ihre Heimath, in der Nähe von Haraldshof, welches damals im Besitz von Fräulein Ingeborg Brandstorm war. Ich wurde im Schlosse als Laufbursche benutzt, und als Mauritz Björnstam achtzehn Jahre alt und Lieutenant war, nahm er mich als seinen Diener an. — Er war mein erster Herr. — Drei Jahre lang behielt ich diesen Dienst, bis er mich eines Tages dabei betraf, wie ich in meines Vaters Handwerk pfuschte. Wüthend darüber, prügelte er mich durch und jagte mich fort, trotz aller Bitten Fräulein Ingeborgs. — Dies geschah kurz vor ihrem Tode. Alle Leute zeigten mit dem Finger auf den Sohn des Diebes, der nun selbst ein Dieb geworden war.

Ich wanderte in die Welt hinaus, bekam aber keine Stellung, da mein früherer Herr mir in seiner Erbitterung keinen Entlassungsschein hatte geben wollen. — Ich hielt mich einige Zeit in der Hauptstadt auf. Die Noth verfolgte mich und ich begann bereits darüber nachzudenken, wie ich durch irgend ein Verbrechen mich vor dem Verhungern schützen könnte.

Da traf ich glücklicherweise eines Tages Wilhelm Björnstam. Er erkannte mich und redete mich an. Ich erzählte ihm meine unglückliche Lage und wie ich in dieselbe gekommen sei. Er gab mir einiges Geld und befahl mir, am nächsten Morgen zu ihm zu kommen. Wilhelm Björnstam besaß damals Haraldshof. Ich fand mich bei ihm ein und traf daselbst meinen früheren Herrn.

Aus der Behandlung, die ich früher von ihm erfahren hatte, wirst Du ersehen, daß Mauritz auch nun zu verhindern suchte, daß mich sein Bruder, wie er beabsichtigte, in seinen Dienst nahm. Fast wäre es ihm geglückt, mich abermals in's Elend zu stürzen, aber des Bruders Mitleid mit meiner Lage rettete mich und ich bekam einen neuen Herrn.

Ich blieb in seinem Dienst, bis er starb. — Es war schwer, mit ihm auszukommen, denn er war heftig und aufbrausend, aber freigebig. — Er brauchte mich und meine Verschlagenheit. Deshalb behielt er mich. Ein Paar Male versuchte mein Feind allerdings, ihn zu überzeugen, daß ich das mir geschenkte Vertrauen nicht verdiene, aber ohne Erfolg. Erst kurz vor Wilhelms Tode war es nahe daran, daß es ihm geglückt wäre, mich aus meiner Stellung als Kammerdiener zu verdrängen. Aber auf die Bitte Deiner Mutter behielt ich sie. — Sie war eine von aller Welt geachtete Frau.

Ein Paar Wochen später wurde Wilhelm Björnstam vom Tode überrascht. Der erste Schritt seines Bruders war natürlich, mir den Abschied zu geben. Ich dagegen lieferte die Papiere meines verstorbenen

Herrn nicht ab, da ich wohl wußte, daß der Oberst, um fie zu erhalten, gern die Hälfte seines Vermögens geopfert haben würde. Nach Allem, was er mir zugefügt hatte, war ich wohl berechtigt, mich zu rächen. Deine Mutter wußte davon nichts. Sie würde es nie zugegeben haben. Alle späteren Versuche des Obersten, mich zu bestechen und von mir Aufklärungen zu erhalten, waren vergebens. Mein Schweigen zwang ihn zu Schritten, die ebenso verletzend für seinen Stolz, wie störend für sein Glück waren. —

Nun frage ich: ist es denkbar, daß ich, indem ich Waldner dies Attest überliefere, dem Obersten, meinem bittersten Feinde, den größten Dienst erweise, der ihm erwiesen werden kann? Nein! eher mag der Doktor seine Drohung vollziehen und Dich und mich zerschmettern.

— Dann, mein Vater, wollen wir kein Wort mehr darüber verlieren, sagte Christoffer. Sie sagen, Sie lieben ihren Sohn und doch zwingen Sie ihn um der Befriedigung einer kläglichen Rache willen,

Alles zu verlassen, was ihm lieb und werth ist. Ich gehe zur See. Ich will vor meinem Wohlthäter nicht meines Vaters wegen erröthen. — Leben Sie wohl und mögen Sie nie in die Lage kommen, Ihre Handlungsweise bereuen zu müssen.

Hastig verließ Christoffer das Zimmer.

Am Abend desselben Tages saß Doktor Waldner in seiner Arbeitsstube, als Alm bei ihm eintrat.

— Mein Vater ist abgereist, sagte Christoffer und nahm David gegenüber Platz.

— Und Du hast keine Botschaft von ihm für mich?

— Keine.

David sprang auf und begann das Gemach mit eiligen Schritten zu durchmessen.

— Du bist sehr aufgebracht, sagte Christoffer.

— Ich leugne es nicht, antwortete David.

— Und bereust vielleicht Dein Verfahren gegen mich, fuhr Christoffer fort.

— Eine vernünftige Handlung zu bereuen, ist nicht meine Art.

— Mein Vater wird niemals geben, was Du zu erhalten wünschest. — Diese Gewißheit hat mich beinahe vernichtet.

— Wie so? Glaubst Du, daß ich irgend Etwas thun würde, was Dir schaden könnte. — David nahm ein Papier hervor. — Nein, so lasse ich mich nicht vom Zorn beherrschen. Aber, um jeden Mißbrauch zu verhindern, so nimm und vernichte diesen Zettel.

— Ich habe nicht befürchtet, daß Du irgendwie Gebrauch davon machen würdest, sagte Christoffer und wies den Schein zurück; aber ich habe traurige Erfahrungen über meines Vaters Charakter gemacht und aus diesem Grunde glaube ich auch die Hand des Mädchens zurückweisen zu müssen, das ich liebe. Ich will ihr nicht einen Mann zum Schwiegervater geben, den sie nicht achten kann. Sie zu betrügen, indem ich den Urheber meiner Tage verleugne, bin ich nicht im Stande. Ich will fort von hier, um nicht Zeuge davon sein zu müssen, wie mein Vater eines Tages in's Verderben stürzt. — Er hat mir doch immer nur Liebe erwiesen und trotz aller seiner Fehler muß ich ihn wieder lieben.

David betrachtete Christoffer.

— Nimm dies Papier, sagte er, und weise es nicht von Dir; Du kannst es ja versiegeln und Deinem Vater zusenden. — Ich will versuchen, auf anderen Wegen zu meinem Ziele zu gelangen. Aber, lieber Christoffer, den Gedanken, Dich von hier zu entfernen, schlage Dir aus dem Sinn. Bleibe Du auf der betretenen Bahn und verheirathe Dich ohne Furcht; Dein Vater wird weder sich noch Dich in's Verderben stürzen.

Christoffer schwieg und blieb unbeweglich. David sprach eine ganze Zeit zu ihm; endlich erhob sich Alm mit den Worten:

— Ich will thun, wie Du wünschest und den Schuldschein meinem Vater senden, ich . . .

— Das brauchst Du nicht, sagte Sjöqvist von

der Thür aus und trat ein. — Verzeihen Sie, Herr Doktor, daß ich so plötzlich hier erscheine; aber mein armer Junge that mir leid und so wandte ich um, nachdem ich ein Stück Weges gereist war.

Sjöqvist näherte sich Christoffer.

— Gieb her den Zettel, sagte er.

Christoffer zog die Hand zurück und Sjöqvist wandte sich an Waldner, indem er sagte:

— Wollen Sie, Herr Doktor, ihn mir selbst übergeben?

Ohne zu antworten, nahm David den Schein aus Christoffers Hand und reichte ihn dem früheren Kammerdiener. — Sjöqvist betrachtete ihn eine Weile und zündete ihn darauf über der Lampe an. — Als das Feuer das Papier verzehrt hatte, trat er mit dem Fuß auf die Asche und seufzte tief auf.

— „Der Väter Missethat wird an den Kindern gestraft," äußerte er. — Von meinem Vater erbte ich einen entehrten Namen und einen unredlichen Charakter. Ich meinerseits wollte nicht, daß meinem

Sohn ein ähnliches Erbe würde und wandte daher alle mögliche Mühe an, ihm eine ordentliche Erziehung zu geben, ihn seiner Mutter ähnlich zu machen; als aber die Versuchung kam, forderte die Natur ihr Recht und sein Fehltritt hatte bedeutende Folgen.

Ich hatte mir allerdings meines Herrn Papiere zugeeignet, um den Obersten zu kränken, aber es war nie meine Absicht, weiteren Gebrauch davon zu machen. Erst als ich von Christoffers Vergehen erfuhr, erwachte in mir der Gedanke, die Briefe an die Gerichtsräthin zu verkaufen und auf diese Weise das Geld zur Deckung seiner Schulden anzuschaffen. Dieser erste Versuch hatte nicht so glückliche Folgen als ich hoffte und die Schuld davon trugen Sie, Herr Doktor. Ich hatte jedoch nun einmal einen Weg betreten, auf dem Geld zu verdienen war und auf dem mein nie gelöschter Haß gegen Oberst Björnstam Befriedigung finden konnte. Beide diese Zwecke wurden erreicht, indem ich Lieutenant Broolind von verschiedenen Dingen Mittheilung machte. — Hätte Christoffer sich nie an Ihrem Gelde vergriffen, so würde ich auch nicht dazu gekommen sein, mich von Neuem in die Björnstam'schen Familien-Angelegenheiten einzumischen.

Sjöqvist schwieg. Christoffer senkte seinen Kopf und David hatte Gelegenheit zu beobachten, wie geneigt die Menschen immer sind, die Schuld von sich auf Andere zu wälzen.

Nachdem er eine Weile seinen Sohn betrachtet hatte, fuhr Sjöqvist fort:

— Der Beweis Deines Fehltrittes ist vernichtet und es bleibt nur die Erinnerung daran bei mir und bei dem Doktor. — Du hast als braver Mensch Deinen Fehler gut gemacht und freudige Hoffnungen für Deine Zukunft erregt; Du sollst nicht sagen können, Dein Vater habe sie vernichtet.

— Herr Doktor, auch Sie sollen finden, daß ich nicht so undankbar bin als Sie glauben.

Sjöqvist bat um Papier und Feder, setzte sich und schrieb einige Zeilen, die er mit seinem Namen unterzeichnete. Er gab sie David und sagte dabei:

— Nun, Herr Doktor, habe ich mich meiner Schuld entledigt. Da ich mich hierdurch verpflichte, Ihnen das Dokument, was Sie wünschen, zu senden, so ist das ebenso gut, als ob Sie es schon hätten.

Sjöqvist nahm seinen Hut, bat den Sohn ihn zu begleiten und ging.

———

— Die Aepfelernte verspricht in diesem Jahre nicht so reichlich wie gewöhnlich zu werden, sagte Dagmar zu dem alten Ole, der seit sieben und zwanzig Jahren in der Familie Björnstam als Gärtner beschäftigt war. Er gehörte zu den Wenigen, die von Haraldshof nach Eriksdal mitgenommen waren.

— Reichlich, wiederholte der treue Alte ärgerlich, als ob sie hier jemals anders als kläglich gewesen wäre. —

Ole, welcher Aepfel von einem großen Baume pflückte, stieg jetzt die Leiter langsam herunter.

— Laß mich einige schöne Aepfel aussuchen für

den Frühstückstisch, sagte Dagmar.

Ole reichte ihr den Korb voll Früchte.

— Lauter saures Zeug Alles zusammen, taugt zu nichts Anderem, als es den Ferkeln zu geben; nein, anders war es auf . . .

— Da kommt Jemand gefahren, rief Dagmar; lauf an das Gitter und sieh zu, wer es ist.

Ole setzte den Korb weg und Dagmar legte die ausgewählten Aepfel auf eine kleine Silberschaale, die sie bei sich hatte.

Sie hatte sicherlich Ole gebeten zu eilen, aber es war nicht seine Art, sich zu überstürzen; so schlich er denn langsam und bedächtig nach dem Gitter und blieb dort stehen. Dagmar hörte ihn ausrufen:

— Pfui Teufel, ist es der.

Das junge Mädchen wandte sich um, konnte aber Nichts weiter sehen als die breite Gestalt des alten Gärtners.

— Ole, rief sie.

Diesmal gehorchte der Starrkopf augenblicklich.

— Ist ein Fremder gekommen?

— Ja, gewiß; der Doktor und noch Einer.

— Kanntest Du den Anderen.

— So gut, wie ich das gnädige Fräulein kenne; aber ich mag seinen Namen nicht aussprechen.

— Aber ich wünsche ihn zu wissen.

— Glaube es wohl; im Uebrigen meine ich, das Fräulein könnte dem Herrn die Cousinschaft gern aufkündigen.

Cousinschaft? Dagmar wurde bleich. Sie hatte nur einen Cousin und an ihn konnte sie nicht ohne Bitterkeit denken.

Der alte Ole sah sie an. Er hatte nie irgend einem Wesen so angehangen, wie Hektor und Dagmar. — Wir nennen Hektor zuerst, weil er in der That die erste Stelle einnahm. Ole hatte mit ihm, als er noch ganz jung war, gespielt und hatte ihn erzogen. — Dagmar hatte die zweite Stelle in seinem Herzen inne; aber auch diese war nicht zu verachten. Wenn Dagmar nicht so arm geworden wäre, Ole würde ihr gefolgt sein und ihr gedient haben. Wie eine Pflanze hatte er sie aufwachsen sehen und er fühlte sich an sie gebunden, wie an seine Blumen im Garten. Seine Hingebung für die erwachsene Jungfrau hatte sich so sehr entwickelt, daß sie mit der treuen Freundschaft Hektors für seine Herrin um den Preis ringen konnte.

— Was, Lieutenant Broolind in Gesellschaft des Doktors? fragte Dagmar, als sie sich gesammelt hatte. Das ist wohl nicht möglich.

— Ja, gewiß, ich sah ihm gerade in's Gesicht.

— Was kann er wollen und wie kann er in Davids Gesellschaft kommen, äußerte Dagmar, indem sie mehr zu sich als zu dem treuen Diener sprach.

Ole schwieg. — Dagmar reichte ihm die silberne Schaale mit den Worten:

— Bringe dies hier zu Frau Tharèn und sage, daß ich nicht zum Frühstück kommen werde.

Sie ging den Gang hinunter und verließ den Garten.

Der Mittagstisch war gedeckt, als Dagmar in den Speisesaal eintrat, in welchem Marit beschäftigt war, einige Vasen mit Blumen zu füllen.

— Haben wir große Gesellschaft? fragte Dagmar.

— Ja, Dein Vater hat Besuch gehabt und seine Gäste bleiben hier.

— Dann bin ich krank. — Ich habe Kopfweh bekommen.

— Das geht nicht, da Dein Vater ausdrücklich gewünscht hat, Dich bei Tische zu sehen.

— Herr Gott, solche Tyrannei! rief Dagmar und warf sich auf einen Stuhl. Marit, ich kann, ich will dies Mal meines Vaters Wunsch nicht erfüllen.

Marit blickte sie an und lächelte.

— Du mußt Dich ein wenig schmücken, sagte sie und küßte der Stieftochter hohe Stirn. Es wäre unangenehm, wenn David Dich mit so wildem Haar erblickte. Er würde schlecht von Deinem Ordnungssinne denken.

— O wie schlimm Du bist und wie schlau, eine

rechte Mischung von List und Verstellung. Dagmar umschlang Marit und fügte in traurigem Tone hinzu: Du ahnst nicht, welche Qual es für mich ist, mit diesem Manne zusammenzutreffen.

— Ich ahne es nicht, weil ich es weiß. Aber es ist besser, daß wir uns den größten Unbehaglichkeiten unterwerfen, als gegen Deines Vaters Willen handeln.

Dagmar küßte noch einmal Marit und eilte dann auf ihr Zimmer, wo sie in Eile Toilette machte. Sie kleidete sich an diesem Tage mit größerer Eleganz als gewöhnlich. Als sie einen letzten Blick in den Spiegel warf, lächelte sie. Der stumme, aber aufrichtige Freund sagte ihr, daß sie schön sei — und diesen Reichthum konnte Niemand ihr nehmen.

Als Dagmar in den Salon eintrat, befand sich nur David in demselben; er eilte ihr entgegen.

— Wie schön Du heut bist, rief er aus.

— Du bist also nicht mehr der Ansicht, daß ich wie „Preißelbeeren" aussehe? Dagmar lachte.

— Wie wäre das möglich? Wer könnte wohl gleichzeitig an Dich und saure Beeren denken?

— Ein gewisser David Waldner; hast Du das vergessen?

— Ja, meiner Treu, versicherte David; aber seine Miene deutete auf ein schlechtes Gewissen.

— Das glaube ich nicht, ist aber auch gleichgültig. Nun zu etwas Anderem. Was will Arvid?

— Kann ich unmöglich sagen. Er kam vor ein paar Tagen nach **köping und da verabredeten wir, zusammen hierher zu reisen.

— Du bist nicht aufrichtig, meinte Dagmar. Es muß etwas Besonderes sein, was ihn hierher führt.

— Wahrscheinlich. Das hat gewiß Bezug auf seine Pacht, was weiß ich.

— Du weißt, worauf sein Besuch Bezug hat.

— Beweise das, wenn Du kannst, bat David, indem er eine ihrer Hände ergriff und mit ihren Fingern tändelte.

— Der Beweis steht in Deinen Augen zu lesen.

— Und wie sieht er aus?

— Er sieht aus, als wärst Du gekommen, uns eine unerwartete Freude zu verkündigen, oder ein Glück, oder eine wichtige Entdeckung, mit einem Wort Etwas, das im Stande gewesen ist, für einen Augenblick den gewöhnlichen ernsten und wehmüthigen Ausdruck aus Deinen Augen zu verscheuchen. Berührt es mich, berührt es meinen Vater, berührt . . . .

— Liebenswürdige Dagmar, hole Athem, fiel David ein. — Du sprichst und frägst, daß mir ganz wirr im Kopfe wird. — Was meinst Du zuvörderst mit meinem gewöhnlich wehmüthigen Ausdruck?

— Beantwortest Du auf diese Weise meine Fragen?

— Wie Du hörst. — Davids Gesicht sah so sorglos aus, daß es an seine Jünglingsjahre erinnerte, an die Zeit, da des Lebens Prüfungen ihm noch fremd waren.

— Das ist nicht galant von Dir, erklärte Dagmar.

— Du klagst mich also an, ungalant zu sein?

Dagmar fand keine Gelegenheit zu antworten; der Oberst und Broolind traten ein.

Dagmar hatte den Vater während des ganzen Tages nicht gesehen. Es kam ihr vor, als sei er seit dem vergangenen Abend zehn Jahre jünger geworden. Er begrüßte Dagmar mit einigen scherzhaften Worten und sagte, indem er auf Arvid wies:

— Bewillkommne Deinen Cousin, Dagmar; er bringt gute Neuigkeiten für Dich und mich.

— Wie lauten sie? hätte Dagmar fragen mögen; aber sie that es nicht, sondern reichte Arvid, wiewohl zögernd die Hand und stammelte eine Frage nach Mathildens Befinden hervor.

Broolind sah niedergeschlagen aus.

Marits Eintreten und das Wort „Aufgetragen" befreite Dagmar von der Fortsetzung des Gespräches mit dem verhaßten Cousin.

Der Oberst und David waren während der Mahlzeit ungewöhnlich munter. Ihre Fröhlichkeit wirkte auch auf die Stimmung der Uebrigen. Sogar

Broolind, der nicht sonderlich zufrieden schien, suchte ein lächelndes Aussehen zu gewinnen, obwohl es Dagmar vorkam, als ob ihm das bedeutende Anstrengung verursache. .

Dagmar wurde während der ganzen Zeit von der lebhaftesten Neugier geplagt. Es war ihr ein Räthsel, daß David und der Oberst sich freundlich und zuvorkommend gegen Arvid erwiesen und sie brannte nach der Lösung dieses Räthsels.

Beim Dessert befahl der Oberst Champagner zu bringen und nachdem die Gläser gefüllt waren, erhob er sich und schlug ein Hoch für seinen Neffen vor, indem er ihm seinen Dank dafür aussprach, daß er die Dokumente überliefert habe, durch welche Dagmars Erbansprüche auf Haraldshof rechtlich begründet wurden.

Dagmar wurde schneeweiß, dann purpurroth und ihre Augen füllten sich mit Thränen.

— Ist es möglich, ist es Wahrheit, Vater? stammelte sie.

Arvid Broolind, der eingesehen hatte, daß er

fortfahren mußte, die Glorie strenger Rechtlichkeit, die ihm so unverdient zu Theil geworden, beizubehalten, wandte sich an Dagmar und sagte:

— Ich bin wirklich in der glücklichen Lage gewesen, meinem Onkel ein wichtiges Dokument überliefern zu können. Es ist . . . .

Arvids Augen waren zufällig auf David gefallen, sein Blut kam in eine heftige Bewegung und er brach seine Rede bei den ersten Worten ab.

David fragte später bei Broolind an, ob er es für passend fände, ein Hoch für Dagmar auszubringen. Broolind war wohl nicht sonderlich dankbar für diesen Vorschlag, konnte aber nicht gut Nein sagen. Er erhob also seine Stimme und sprach in gesuchten und überschwänglichen Worten von dem Glück, das ihm geworden, indem er einigen Antheil daran habe, daß Dagmar in ihre Rechte wieder eingesetzt sei; er schloß mit der Erklärung, daß er seiner theuren Cousine stets ein treuer Freund sein wolle. — Die Gläser klangen und die Tafel wurde aufgehoben.

Dagmar war nicht recht gewiß, ob das, was sich zugetragen, ein Traum sei oder Wirklichkeit.

Marits Antlitz zeigte einen wo möglich noch höheren Grad von Erstaunen. Sie schien noch weniger als Dagmar zu verstehen, wie dies Alles zusammenhing.

Nachdem man Kaffee getrunken hatte, nahm Arvid Abschied. Marit hörte den Obersten dabei zu ihm sagen:

— Wenn der neue Pachtkontrakt aufgesetzt ist sende ich ihn Dir zur Unterschrift. — Unter den Bedingungen, unter welchen ich Dir künftig Haralbshof überlasse, mußt Du bei einiger Klugheit und Ueberlegung im Stande sein, ein kleines Vermögen für Deine Kinder zu sammeln, besonders wenn ich noch lange lebe und Du inzwischen die Pacht behältst.

— Onkel, Sie sind mehr als gut, stammelte Brochind. — War es Scham, die seine Wangen färbte?

Es giebt wohl kaum Etwas, das sich schwerer ertragen ließe, als Edelmuth, welchen uns Die beweisen, denen wir Unrecht gethan haben.

Auch können wir verfichern, daß Broolinds Gemüthsſtimmung bei ſeiner Heimfahrt nicht die Beſte war. Er fühlte ſich tief gedemüthigt und erbittert und hätte ſich am liebſten eine Kugel durch den Kopf gejagt, um ſich von der Geſellſchaft mit ſeinem eigenen werthen Ich und der Erinnerung an alle die mehr oder minder ſauberen Handlungen zu befreien, zu denen ihn ſein Eigennuß verleitet hatte. Er verſuchte allerdings ſie durch das Verſchönerungsglas der Eigenliebe zu betrachten, aber es wollte ihm heute nicht gelingen, das Schwarze weiß zu machen.

———

Am Abend deſſelben Tages finden wir die Familie Björnſtam, Frau Tharèn und David in der großen Gartenlaube.

Der Oberſt ſpricht:

— Der Zeitpunkt zu einer näheren Beleuchtung der Familienverhältniſſe meines verſtorbenen Bruders dürfte gekommen ſein. — Ich darf Euch jetzt, ohne der Erinnerung an irgend Jemand zu nahe zu treten, Mittheilung davon machen.

Wilhelm, der Liebling seiner Mutter und seiner Geschwister, war von der Natur an Herz und Geist und mit äußeren Vorzügen reich begabt. Fügt man hinzu, daß er ein angenehmes Wesen besaß, so ist es natürlich, daß er Aller Günstling werden mußte, besonders, da er in seinen jungen Jahren lebensfrisch und fügsamen Sinnes war. In diesem letzteren Umstande lag wahrscheinlich der Grund zu der Mutter Vorliebe für ihn; sie besaß in ihren beiden anderen Kindern ein Paar stolze und starke Naturen. Wilhelm belohnte ihre Zärtlichkeit mit der hingebendsten Sohnesliebe. In seinen jüngeren Jahren entstand nicht einmal der Gedanke in ihm, sich der Mutter Willen zu widersetzen. Er war sein Gesetz und ihn zu erfüllen, sein Glück. Er war der gehorsamste und liebenswürdigste Sohn, den eine Mutter sich wünschen konnte.

Ein paar Jahre bevor er den Besitz von Haraldshof antrat, hatte meine Mutter eine Gattin für ihn erlesen.

Das Mädchen, damals noch nicht confirmirt, war mit uns entfernt verwandt und die einzige Tochter des reichen Freiherrn Dannekrona.

Der Baron war von Wilhelm eingenommen und ebenso eifrig für die Parthie wie unsere Mutter. Es wurde zwischen ihnen verabredet, daß wenn die damals vierzehnjährige Tochter des Freiherrn ihr zwanzigstes Jahr erreicht hätte, Wilhelm sie heimführen sollte.

Hildur Dannekrona war ein hübsches, einnehmendes Kind, mit feinem und schlankem Körperbau und einem zartfühlenden, liebevollen Herzen. Sie war lieblich wie eine Frühlingsblume aber auch zart wie diese. Eine einzige scharfe Frostnacht und der Blume Leben ist dahin.

In ihr seine künftige Gattin zu sehen, mußte für einen jungen Mann, der eben erst aus den Jünglingsjahren herausgetreten war, etwas ungemein Anziehendes haben, besonders, da weder sie noch Wilhelm jemals eine auch nur flüchtige Neigung zu Anderen gefühlt hatten.

Seit Hilbur ihm zur Braut bestimmt worden, war Wilhelm ein täglicher Gast im Hause des Freiherrn und er glaubte bald selbst, daß er sie liebe.

Hilbur, die in ihm den Mann sah, den ihr Vater für sie gewählt hatte, glaubte es nicht nur, sondern liebte ihn wirklich. Wilhelm war ihr theuer als das Schönste unter ihren Spielsachen, als der beste Spielkamerad und der zärtlichste Freund. Schon in den Kinderjahren knüpfte Hilbur an ihn ihr Herz, ihre Hoffnungen und ihre Begriffe von Glück und Freude.

Sie war fünfzehn Jahre alt, als Wilhelm Haraldshof erhielt.

Ein halbes Jahr darnach machte er eine Reise in's Ausland, um sich die Welt anzusehen.

Er war fünf Monate abwesend und kam etwas verändert wieder.

Die Ruhe seines Gemüthes war vermindert. Durch stürmische Vergnügungen und äußere Freuden suchte er offenbar eine Erinnerung zu vertreiben, die ihn quälte.

Allzu unbekannt mit den Kräften seines eigenen Innern, wußte er weder die Stärke seiner Leidenschaften noch die Macht seines Willens zu beurtheil[en;] er war vielmehr überzeugt, daß er mit Hülfe sein[es] Verstandes und seines Ehrgefühls alle seine Regung[en] und Handlungen beherrschen könnte.

Er drang jetzt darauf, daß er und Hildur d[ie] Ringe wechselten. Der Baron widersetzte sich i[m An-]fang, mußte aber nachgeben und so wurden sie [verlobt.]

Wilhelms Bitten um baldige Hochzeit [wurden] jedoch bestimmt abgeschlagen. Die Aerzte hatten erklärt, daß Hildur nicht zu früh in die Ehe treten dürfte und der Baron hielt sich für verpflichtet, dem Rathe der Aerzte zu folgen.

Ende des zweiten Bandes.

www.ingramcontent.com/pod-product-compliance
Lightning Source LLC
Chambersburg PA
CBHW020827230426
43666CB00007B/1136